WIE MAN MIT TIGERN SPRICHT

ÜBER DIE GEHEIMNISVOLLE WELT DER TIERSPRACHEN

Von
JASON BITTEL

Illustriert von
KELSEY BUZZELL

Aus dem amerikanischen Englisch von
STEFANIE OCHEL

INSEL VERLAG

Am Ende des heutigen Tages wirst du ungefähr 16.000 Wörter gesagt haben – so viel redet der Durchschnittsmensch an einem Durchschnittstag. Und bestimmt gab es viele gute Gründe, warum du die Wörter gesagt hast. Vielleicht hast du beim Frühstück um die Milch gebeten. Vielleicht hast du den Radfahrer angeschnauzt, der auf dem Schulweg direkt vor dir über den Zebrastreifen gerast ist. Vielleicht hast du deiner Mama durchs Schultor zugerufen, dass du sie liebhast, und vielleicht hast du deiner Freundin beim Reingehen noch schnell die Lösung für die Hausaufgabe gesagt.

Tiere kommunizieren zwar nicht mit Wörtern wie wir, aber oft aus den gleichen Gründen – um sich zu ernähren, sich vor brenzligen Situationen zu schützen, um ihre Zuneigung zu zeigen oder einander zu helfen. Aber so stark sich die Tiere und auch ihre Lebensräume voneinander unterscheiden, so unterschiedlich sind auch die Mittel, mit denen sie sich verständigen. Manche davon erscheinen uns seltsam, manche bringen uns zum Lachen – aber sie alle erfüllen eine wichtige Funktion: dem Tier selbst und letztlich auch seiner Art das Überleben zu sichern. Manche Fische furzen um ihr Leben. Kein Witz!

INHALT

SICHTBARE SIGNALE

SPRICHST DU TIGER?

→

Tiger verständigen sich untereinander auf vielfältige Weise, zum Beispiel durch Laute, Duftmarken und Berührungen. Die wichtigsten Informationen aber kommuniziert der Tiger mit dem Schwanz.

Tiger sind die größten Katzen der Welt, und so ein Tigerschwanz kann über einen Meter lang werden. Ein aufrecht getragener, ganz leicht zitternder Schwanz bedeutet, das Tier ist freundlich und aufgeschlossen. Vielleicht erkundet es gerade eine neue Umgebung oder ist auf Partnersuche. Hängt der Schwanz locker nach unten, ist der Tiger ruhig und entspannt. ZUCKT oder PEITSCHT der Schwanz aber plötzlich heftig hin und her, ist Vorsicht geboten! Dann hat der Tiger nämlich Angst, ist aufgeregt oder sogar angriffslustig.

ZÄHNEZEIGEN, BRUSTTROMMELN, GROßTUN – WIE MAN SICH MIT KÖRPERSPRACHE DURCHSETZT

➡️ Will ein Weißer Hai einen anderen verjagen, reißt er das Maul sperrangelweit auf. Im Englischen gibt es einen Fachbegriff dafür: **GAPING** (wörtlich: gähnen, klaffen). Das passiert besonders zu Fressenszeiten, wenn die Haie gierig und aufgeregt sind. Dann ist auch die Gefahr eines Angriffs höher, als wenn sie nur ihr Revier verteidigen.

➡️ Silberrücken, also erwachsene Gorilla-Männchen, sind berühmt für ihr **BRUSTTROMMELN**. Dabei steht der Gorilla auf zwei Beinen und schlägt sich abwechselnd mit den Händen auf die Brust. Mit ein paar UH-UH-UH-Rufen fängt es an, Blätter werden abgerupft, die Rufe werden immer schneller. Dann springt er auf, trommelt sich wild auf die Brust und haut zum Abschluss noch ein paar Mal kräftig auf den Boden.

➡️ Männliche Giraffen zeigen ihre Überlegenheit, indem sie sich **SO GROß WIE MÖGLICH MACHEN**: Der Hals wird gestreckt, die Beine werden angespannt. Wenn eine Giraffe sich unterwirft, hält sie Kopf und Ohren gesenkt.

MACHTPROBE DER SCHILDKRÖTEN

Die Galapagos-Riesenschildkröte ist ein großes, schwerfälliges Reptil mit einem eher gemächlichen Lebensstil, aber gerade zur Paarungszeit, oder wenn ihr eine andere Schildkröte den Weg versperrt, kann sie auch mal Stärke markieren. Wenn zwei Männchen sich miteinander messen wollen, versucht jedes von ihnen, den Kopf möglichst weit in die Luft zu recken. Dann lassen beide langsam die Köpfe sinken, nur um sie direkt wieder in die Höhe zu strecken. Und so geht es weiter – immer auf und ab. Und diese Szene – zwei Schildkröten, die sich anstarren und in Zeitlupe zunicken – kann so lange dauern, bis eine von ihnen ein bisschen höher kommt als die andere. **WER HIER GEWINNEN WILL, BRAUCHT EINEN LANGEN ATEM – UND EINEN LANGEN HALS.**

KITZELN IST FÜR DEN LORI KEIN SPAß

Plumploris gehören zu den niedlichsten Tieren der Welt. Die Äffchen mit den Welpenaugen sind so klein, dass sie in eine Handtasche passen würden. In freier Wildbahn leben sie auf Bäumen, aber in den letzten Jahren wurden immer mehr wilde Loris eingefangen und als Haustiere verkauft. Manche von ihnen haben es sogar zu Internetruhm gebracht. Auf Videos ist zu sehen, wie das Tier die Arme über den Kopf hebt und sich zurücklehnt, während sein Besitzer ihm den Bauch krault. **WENN MAN KEIN LORISCH KANN, SIEHT ES AUS, ALS OB DAS TIER SPAß AM KITZELN HAT. DOCH DAS TÄUSCHT.** In Wahrheit drückt der Lori mit dieser Haltung aus, dass er sich bedroht fühlt und notfalls verteidigen wird.

Das Tier verfügt nämlich über eine Geheimwaffe: seine **SPEZIALDRÜSEN**. Die befinden sich in der Ellenbeuge und sondern eine klare, übelriechende Flüssigkeit ab, die bei Menschen eine allergische Reaktion hervorrufen kann. Dazu muss sich der Lori allerdings erst das Sekret von den Drüsen ablecken und mit seinem Speichel vermischen, nur so entfaltet sich das Gift und kann bei einem Biss übertragen werden. Das erklärt auch, warum ein Lori bei Bedrohung die Arme hebt – damit er im Fall eines Kampfs mit dem Mund schnell an die Giftdrüsen kommt.

DER WOLF IM SCHOSS- HUND →

Die meisten Menschen verbringen nicht genug Zeit im Ozean, um das Verhalten der Stachelrochen zu beobachten. Und nicht jeder kann sich eine Safari leisten, um mehr über das Leben der Löwen zu erfahren.

Aber viele von uns haben tierische Mitbewohner, die wir täglich sehen: unsere Haustiere. Und auch mit Namen wie Bella, Bobby und Struppi erkennt man an ihrem Verhalten immer noch ein bisschen das wilde Tier, das in ihnen steckt. Wenn zwei Hunde um die Rangordnung kämpfen, ist Körpergröße von Vorteil, aber nicht immer kann sich der Größere durchsetzen – was wahrscheinlich niemanden wundert, der einen süßen kleinen Kläffer zuhause hat.

→ Hast du schon mal zwei Hunden beim Toben und Spielen zugesehen? Das geht oft eine ganze Weile gut, bis plötzlich einer von beiden genug hat und knurrt. Manchmal schlägt es so schnell um, dass auch der zweite Hund überrascht wirkt. Aber so kommunizieren Hunde. Manches davon verstehen wir: Ein knurrender, Zähne bleckender Hund ist vielleicht gereizt oder müde oder will einfach nur seine Ruhe. DOCH VIELES, WAS DER HUND AUSDRÜCKT, ENTGEHT UNS, WEIL WIR SEINE KÖRPER- SPRACHE NICHT RICHTIG LESEN.

→ Achte auf die RUTE, also den Schwanz des Hundes. Zeigt sie starr nach oben? Das ist ein Zeichen für Aggression. Oder ist sie zwischen den Beinen eingeklemmt? Damit zeigt der Hund an, dass er ängstlich ist und sich unterwirft.

→ Die **HUNDEOHREN** sind wichtig für die Kommunikation. Aufgestellte Ohren bedeuten Wachsamkeit, manchmal aber auch Angriffslaune. Sind die Ohren eng angelegt, ist das ein Zeichen von Angst.

→ VERSCHIEDENE SIGNALE ZUSAMMEN KÖNNEN UNTERSCHIEDLICHE STIMMUNGEN AUSDRÜCKEN. Zum Beispiel zeigt ein Hund, der Ohren und Rute aufrichtet, einem anderen Hund, dass mit ihm nicht zu spaßen ist. Aber auch ein Hund mit eng angelegten Ohren und eingeklemmter Rute kann gefährlich werden. Der Hund drückt damit aus, dass er sich bedroht fühlt – und dass er zwar keinen Ärger will und lieber den Rückzug antritt, aber notfalls auch zum Angriff bereit ist.

KRIEG DER SCHIMPANSEN

Als die Verhaltensforscherin Jane Goodall 1974 damit begann, die Schimpansen in Tansania zu erforschen, glaubte sie noch, dass die Tiere netter miteinander umgingen als Menschen. Doch was sie dort beobachtete, stellte diesen Glauben auf eine Probe …

Schimpansen sind intelligente Tiere, die in Gemeinschaften von bis zu 150 Artgenossen zusammenleben. Anführer der Gruppe ist das sogenannte Alphamännchen. Es genießt Vorrang bei der Nahrungsverteilung, der Fellpflege und der Partnerwahl, aber immer wieder versuchen andere Männchen, ihm die Rolle streitig zu machen. Manchmal dringen Schimpansen in das Gebiet einer anderen Gruppe vor und greifen gezielt die ranghöheren Männchen an. Gelingt es den Eindringlingen, die anderen Männchen zu vertreiben, können sie das Waldgebiet für sich beanspruchen. Das hat Jane Goodall hautnah miterlebt.

Über vier Jahre beobachtete sie, wie eine Schimpansengruppe aus dem südlichen Teil des Waldes, die sie die Kasakela nannte, immer wieder gezielt Angriffe auf die Kahama-Gruppe im Norden startete. Am Ende gewannen die Kasakela, doch kurz darauf nahm eine dritte Gruppe das frisch eroberte Gebiet in Beschlag. Der »Schimpansenkrieg von Gombe« lehrte Goodall, dass sich auch bei den intelligentesten Tieren nicht alle Konflikte durch Kommunikation vermeiden lassen.

SCHWÄNZELTÄNZE ↓

Wenn eine Honigbiene durch die Gegend schwirrt und unterwegs eine saftige Blumenwiese oder einen neuen Nistplatz entdeckt, fliegt sie zurück zum Bienenstock und trommelt die anderen zusammen. Aber wie erklärt die Kundschafterin den anderen den Weg? Diese Frage hat der Wissenschaft lange Rätsel aufgegeben. Denn obwohl die Insekten zusammenleben, hatte niemand eine gute Erklärung dafür, wie sie einander so komplizierte Informationen wie Entfernung und Richtung mitteilen können.

Aber in den 1920er Jahren machte der österreichische Wissenschaftler Karl von Frisch eine Entdeckung. DIE BIENEN VOLLFÜHREN EINEN SCHWÄNZELTANZ — IN ACHTFÖRMIGEN FIGUREN TANZEN SIE IHRE WEG-BESCHREIBUNG WIE WINZIGE PELZIGE EISKUNSTLÄUFERINNEN.

→ Je heftiger und länger eine Biene schwänzelt, desto sicherer ist sie sich der Botschaft, die sie den anderen schickt. Wenn die anderen Bienen mitbekommen, dass eine Biene schwänzelt, versammeln sie sich in ihrer Nähe und schwänzeln mit. SO VERBREITET SICH DIE BOTSCHAFT LANGSAM, ABER SICHER IM GANZEN BIENENVOLK. Dieses Gruppenverhalten führt auch dazu, dass andere Bienen, die vielleicht auch schon einen Tanz begonnen hatten, ihn wieder aufgeben. Sobald genug Bienen mit von der Partie sind, machen sie sich gemeinsam auf den Weg, um herauszufinden, worüber die erste Biene so aus dem Häuschen geraten war.

→ Laut Karl von Frisch und vielen neueren Studien dient das Schwänzeln der Bienen nicht nur dazu, andere Bienen zu überzeugen — ES LIEFERT IHNEN AUCH GLEICH DIE WEGBESCHREIBUNG! Mit ihrem Tanz zeigt die Kundschafterbiene ihren Artgenossinnen einen Winkel zur Sonne und gibt ihnen so die Flugrichtung vor, in der sich die Blüten oder das neue Nest befinden. Und weil sich der Stand der Sonne im Laufe des Tages verändert, passen sie ihren Tanz je nach Tageszeit an!

→ Manchmal markieren Honigbienen eine Blüte mit **CHEMISCHEN BOTENSTOFFEN**, den sogenannten Pheromonen. Dadurch können andere Bienen die Blüte auch aus größerer Entfernung riechen. Für Bienen sind Gerüche wie Wegweiser, die ihnen genau anzeigen, wo es langgeht.

→ Obwohl wir die Sprache der Honigbienen schon seit Jahrhunderten untersuchen, wissen wir immer noch nicht ganz genau, wie sie funktioniert. Sicher ist nur, dass ein winziges Insekt eine komplizierte Wegbeschreibung geben kann, die seine Artgenossen verstehen – **UND DAS NUR MIT ETWAS HÜFTSCHWUNG.**

30°

ZU DEN BLÜTEN

TANZ AUF LEBEN UND TOD

Nur reiskorngroß ist das Pfauenspinnenmännchen, das mit einem Hüpfer direkt neben einer Spinnendame auf einem Blatt landet. Sie dreht sich zu ihm um und blickt das Männchen aus ihren acht Augen finster an. Wenn es nicht schnell handelt, wird das Weibchen es angreifen und auffressen. Was bleibt ihm übrig? Kämpfen? Fliehen? Verstecken?

TANZEN! Das Männchen hebt erst eines seiner Beine in die Luft und wedelt damit. Dann nimmt es das entgegengesetzte Bein hinzu und bewegt die beiden Beine im Rhythmus. Wie ein Orchesterdirigent schwenkt das Spinnenmännchen seine Arme vor und zurück, auf und ab, in einem Takt, den nur die beiden verstehen.

Während es mit den Beinen weiter herumwirbelt, streckt es seinen knallbunten Hintern in die Höhe und rudert damit im Takt hin und her. Mit seinem leuchtenden Rot, Orange, Lila und Grün ist das Hinterteil dieser Spinne ein prachtvoller Anblick. Bei seinem **BALZTANZ** lässt die Spinnendame ihren Verehrer langsam näher kommen ... und näher ... und wenn er nah genug dran ist, umschlingt er sie mit seinen Tanzbeinen und klammert sich an ihr fest. Das Weibchen hat ihn als Partner akzeptiert. Puh!

TANGO FLAMINGO

↓

〰〰〰

Jedes Jahr fliegen die Andenflamingos mehrere hundert Kilometer weit zu den Salzseen im südamerikanischen Gebirge, wo sie ihre Schnäbel ins Wasser tauchen und Kieselalgen herausfiltern. Aber eigentlich sind die Flamingos nicht wegen der lokalen Delikatessen gekommen — sondern zum Tanzen!

Die Balz der Flamingos ist ein Gruppenspiel, zu dem sich um die 50 Vögel versammeln und erst einmal gemeinsam durchs Wasser staksen. Irgendwann fangen sie an, die großen, schwarzen Schnäbel hin- und herzudrehen, die einen rechtsherum, die anderen linksherum, aber immer im Takt. Ihre Beine bewegen sich dabei zwar vorwärts und tragen sie durchs Wasser, aber ihre Oberkörper bleiben fast unbewegt, sodass es aussieht, ALS WÜRDE DER GANZE VOGELSCHWARM AUF DEM WASSER SCHWEBEN. Mit den ruckenden Kopfbewegungen wirken sie wie ernsthafte Tangotänzer — und verdrehen sich dabei gegenseitig den Kopf.

SONNENKÖNIG: DAS BEIFUSSHUHN

Das Beifußhuhn ist eine Vogelart, die in den USA und in Kanada heimisch ist. Das Männchen dieser Art verfügt über lange, stachelähnliche Schwanzfedern, die es auffächern kann, sodass sie aussehen **WIE EINE STRAHLENDE SONNE**. Außerdem hat es unten am Hals zwei unbefiederte Luftsäcke. Will ein Männchen ein Weibchen beeindrucken, kann es die Säcke ganz schnell aufpumpen und mit einem plötzlichen, **LAUTEN KNALL** wieder entleeren.

FÜR DICH GEH ICH ÜBERS WASSER: DER CLARKTAUCHER

Um den Partner fürs Leben zu finden oder um ihre Beziehung zu stärken, führen Clarktaucher einen Tanz auf. Dabei schwimmen die beiden Vögel nebeneinander her, spritzen sich Wasser ins Gesicht, putzen sich gegenseitig die Rückenfedern und schenken einander sogar einen frisch gefangenen Fisch. Aber der Höhepunkt wartet am Schluss, wenn beide Vögel die Köpfe in die Luft strecken, die Flügel nach hinten ausklappen und **IN PERFEKTEM EINKLANG NEBENEINANDER ÜBER DAS WASSER LAUFEN.**

FLAMMENDE FEDERPRACHT: PARADIESVÖGEL

→ Schaut alle her! Nicht umsonst nennt man Leute mit einem bunten, ausgefallenen Kleidungsstil gerne Paradiesvögel. Auch die echten Paradiesvögel, die in Neuguinea und im Nordosten Australiens zuhause sind, ziehen mit ihrem **PRÄCHTIG BUNTEN** Gefieder alle Blicke auf sich.

→ Bei den Strahlenparadiesvögeln haben die Männchen ein paar **EINZIGARTIGE KOPFFEDERN**: Sie haben fast keine Äste und erinnern mehr an lange, feine Drähte mit kleinen Büscheln am Ende. Sie helfen dem Männchen zwar nicht beim Fliegen, kommen aber bei seinem Balztanz zum Einsatz und erhöhen die Chancen bei der Partnersuche.

→ Beim Großen Paradiesvogel hat das Männchen fast am ganzen Körper bräunliches Gefieder und dazu ein prächtiges langes, weißgelbes **FEDERBÜSCHEL** auf dem Rücken.

→ Wenn sie ein Weibchen entdecken, treten die Männchen in einen **WETTSTREIT**, wobei sie ihre Flügel spreizen, die gelben Schmuckfedern auffächern und laut quiekend auf ihrem Zweig hüpfen.

→ Mit ihren großen gelben Federbüscheln sehen die balzenden Paradiesvögel in den Baumkronen aus wie **TANZENDE WISCHMOPPS.**

WENN BLICKE TÖTEN KÖNNTEN →

Wenn eine Dohle ihren bohrenden Blick auf dich richtet, bekommst du es mit. Denn anders als ihre nahen Verwandten, die dunkeläugigen Raben und Krähen, haben diese Vögel leuchtend SILBRIGWEISSE AUGEN MIT KLEINEN SCHWARZEN PUPILLEN. Lange war unklar, ob die auffälligen Augen eine besondere Funktion erfüllen.

Im Jahr 2014 klebte ein Forschungsteam in der Nähe von Cambridge in England Bilder von vier verschiedenen Augenpaaren in 100 Nistkästen. Außerdem installierten sie Kameras in den Kästen, sodass sie beobachten konnten, wie die Dohlen auf die verschiedenen Augen reagieren würden, von denen einige groß und weiß wie ihre eigenen waren und andere klein und schwarz wie die ihrer Krähenverwandten.

→ Wenn die Vögel auf einem Nistkasten landeten, linsten sie erst einmal hinein. Blickte ihnen im Inneren ein schwarzes Augenpaar entgegen, hatten sie kein Problem damit, zu bleiben und sich sogar ihr Nest einzurichten. Wenn den Vögeln aber ein WEISSES, DOHLENÄHNLICHES AUGENPAAR aus dem Kasten entgegenstarrte, suchten sie meist schnell wieder das Weite.

→ Dem Team der Uni Cambridge zufolge bedeutet das, dass die Dohlen durch ein STARR-DUELL aushandeln, wer das Nest bekommt. Das ist ziemlich vernünftig, schließlich ist ein stechender Blick längst nicht so gefährlich wie ein Schnabelstich, der zu ernsthaften Verletzungen führen kann.

➡ Eine weitere Beson-
derheit der Dohlen ist, dass sie, anders
als der Rest der Krähenfamilie, in hohlen Baum-
stämmen, Mauerlöchern und Schornsteinen nisten. Anders als manche Spechte können sie sich ihre Nisthöhlen
nicht selbst zimmern, also müssen sie sich bei begrenztem
Wohnraum **GEGEN ANDERE VÖGEL BEHAUPTEN** können.
Und weil Dohlen in enger Nachbarschaft zueinander
brüten, gibt es oft einen Wettstreit um die
begehrtesten Plätze.

➡ Bislang
wussten wir nur von Primaten (zu
denen auch die Menschenaffen gehören),
dass sie **MIT DEN AUGEN KOMMUNIZIEREN**
können. Wir Menschen sagen sowieso viel mit den
Augen – denk nur mal, was ein einziger strenger
Elternblick bedeuten kann, ohne dass auch nur
ein Wort fällt! Wenn die Cambridge-Studie stimmt
und Dohlen sich wirklich gegenseitig »nieder-
starren«, wissen wir, dass diese Fähigkeit
**NICHT AUF PRIMATEN
BESCHRÄNKT** ist.

DAS FENSTER ZUR PRIMATENSEELE

Wenn ein junger Schimpanse Appetit auf etwas hat, das sich ein ranghöherer
Artgenosse gerade schmecken lässt, starrt er gierig auf das Fressen. Und wenn ein
Makake einem anderen klarmachen will, dass er nichts Böses im Schilde führt,
blickt er eine Weile regungslos in die Ferne. Das sind nur zwei der vielen Möglich-
keiten, wie Primaten **IHRE AUGEN ZUR VERSTÄNDIGUNG NUTZEN**.

Wenn du deine eigenen Augen im Spiegel betrachtest, siehst du die große weiße
Fläche auf dem Augapfel, die sogenannte Sklera. Die meisten Tiere haben keine
weiße Sklera wie wir – schau doch mal deinem Hund, deiner Katze, deinem Hamster,
Papagei oder Goldfisch in die Augen. Siehst du den Unterschied? Während wir früher
dachten, dass Menschen die einzigen Primaten mit einer weißen Sklera sind, zeigen
neuere Studien, dass auch Gorillas einen Weißanteil in ihren Augen haben. Und
auch bei Schimpansen, Bonobos und Orang-Utans wissen wir inzwischen, dass sie
viel mehr Weiß im Auge haben als gedacht. **WIR HABEN NOCH LANGE NICHT ALLES
ERFORSCHT** und werden noch große Augen machen!

ICH BIN DANN MAL TOT ↓

Auf der Suche nach einer Mahlzeit huscht ein hungriger Kojote durch den Wald. Er hat schon seit Tagen nichts mehr gefressen. Dann wird seine Geduld belohnt: Vor ihm auf dem Pfad tapst ein katzengroßes Säugetier. Mjam, ein Opossum!, freut sich der Kojote. Das einzige Beuteltier Nordamerikas hat keine großen Zähne, keine Krallen, kein Gift und keine Stacheln – leichte Beute für einen Kojoten. Also greift er an. Aber kaum beißt er zu, erschlafft der Körper des Opossums. Seine Augen verdrehen sich nach oben, Speichel läuft ihm aus dem Mund, die Ohren zucken, und dann entleert sich auch noch der Darm – das Opossum kackt alles voll. Der Kojote lässt nicht locker, doch auf einmal spritzt aus einem Drüsenpaar am Hinterteil seiner Beute ein fieser, stinkender grüner Schleim. Der Kojote schnuppert. Würgt. Und sucht das Weite. Nach einer Weile wälzt sich das Opossum wieder auf die Füße und setzt seinen Tag fort. Es war alles nur gespielt – das Opossum hat sich totgestellt. Ein raffinierter Trick, mit dem ein kleines, harmloses Tier sich gegen ein viel größeres Raubtier zur Wehr setzen kann.

OSCARVERDÄCHTIG

Wird die **HAKENNASENNATTER**, eine kleine, gedrungene Schlange, von einem Raubtier bedroht, bläht sie den Hals auf, um größer zu erscheinen. Dabei zischt sie laut und schnappt in die Luft. Falls das den Angreifer nicht vertreibt, hat sie noch einen anderen Trick: Blitzschnell dreht sie sich auf den Rücken, wobei ihr cremeweißer Bauch sichtbar wird, **WINDET UND KRÜMMT SICH**, als wäre sie gerade in einer heißen Pfanne gelandet. Ihr Mund ist weit aufgerissen, die Zunge zuckt noch ein bisschen, aber hängt dann nur noch schlaff heraus, und **AM ENDE ROLLT DIE SCHLANGE SICH ZU EINEM BALL ZUSAMMEN UND ERSTARRT** – ein oscarreifer Todeskampf.

MARIENKÄFER
zum Beispiel können zwar gut fliegen, trotzdem klappen sie lieber die Beine ein und stellen sich tot, wenn du versuchst, sie zu fangen. Manchmal sondern sie auch eine stinkende gelbe Flüssigkeit ab, die genau wie der grüne Opossum-Schleim zur Abschreckung dient.

→ Auch der Totstellreflex ist eine Form der Kommunikation, weil dabei Informationen weitergegeben werden. Mit seinen Stinkdrüsen teilt das Opossum dem Kojoten mit, dass es scheußlich schmeckt. Ähnliche Szenen spielen sich überall in der Tierwelt ab, auch in deinem Garten ...

Will eine **UNKE** einen Angreifer verjagen, macht sie ein starkes Hohlkreuz und streckt Arme und Beine in die Luft, um die orange oder gelbe Warnfarbe auf der Unterseite ihres Körpers zu zeigen. Manchmal dreht sie sich auch gleich auf den Rücken, sodass der ganze grell gefärbte Bauch sichtbar wird. Diese Form des Totstellens nennt man auch den **UNKEN-REFLEX**.

Wenn eine männliche **JAGDSPINNE** sich einem Weibchen nähert, kann es passieren, dass das Männchen aufgefressen wird – auch wenn es zum Date ein saftiges Insekt mitbringt! Zur Sicherheit stellt es sich besser tot, während es sich an seinem Geschenk festkrallt. Wenn das Weibchen die frische Mahlzeit wegschleppt, lässt sich das Männchen einfach mitschleifen. Wenn das Weibchen erst mal satt ist, wird es sich vielleicht mit ihm paaren wollen, anstatt es aufzufressen.

ERST TOT – DANN SATT

Auch afrikanische Buntbarsche nutzen das Totstellen zu ihrem Vorteil. Manchmal liegen die Fische **REGUNGSLOS AM BODEN EINES SEES**, wobei ihre Schuppen ganz fleckig und schon etwas verwest aussehen – verlockend für andere hungrige Fische. Wenn dann aber einer heranschwimmt, um sich einen Happen zu gönnen, erwacht der Buntbarsch wieder zum Leben und verschlingt den kleinen Fisch in einem Happs.

WO DIE SONNE NIEMALS HIN-KOMMT

→

Der Ozean ist ein tiefer, düsterer Ort. Das Tageslicht reicht längst nicht so weit, wie du vielleicht denkst. Würde man den Eiffelturm kopfüber ins Meer kippen und an ihm entlangtauchen, wären die letzten Reste Sonnenstrahlung verschwunden, noch bevor man die Spitze des Turms erreicht hätte.

Die sogenannte Mitternachtszone tief im Ozean ist eine kalte, schwarze, gefährliche Welt. Aber erstaunlicherweise wimmelt es dort nur so von Leben. Und sogar hier haben Tiere Mittel und Wege gefunden, sich miteinander zu verständigen.

Eine Form der Tiefsee-Kommunikation ist die Biolumineszenz. Damit meint man die Fähigkeit von Fischen, Tintenfischen und vielen anderen Tieren, mithilfe einer chemischen Reaktion selbst Licht zu erzeugen – an Land machen das beispielsweise die Glühwürmchen. Fachleute vermuten, dass über 75 Prozent aller tierischen Ozeanbewohner auf die eine oder andere Weise Licht erzeugen können – das sind drei von vier Meerestieren!

→ Winzige **MUSCHELKREBSE**, auch **OSTRAKODEN** genannt, sind wie die Leuchtkäfer der Tiefsee. Die Männchen schwirren durch den Ozean und senden dabei Blinksignale aus, um die Weibchen auf sich aufmerksam zu machen.

→ Auch **TIEFSEE-ANGLERFISCHE**, Laternenträger und Ponyfische nutzen Licht für die Partnersuche – aber nicht für eine große Show, sondern aus einem praktischen Grund: Sie müssen im Dunkeln ihre Artgenossen finden, was gar nicht so leicht ist. Wahrscheinlich dienen die Lichter auch zur Unterscheidung von Männchen und Weibchen.

→ Die meisten Lichter in der Tiefsee sind eher bläulich, aber einige Fische leuchten in Rot. Einer von ihnen ist der **SCHWARZE DRACHENFISCH** – und ihm möchtest du lieber nicht im Dunkeln begegnen! Seine Zähne sind so groß und scharf, dass sie noch nicht mal in sein Maul passen. Aber zum Glück ist der Drachenfisch nur fünfzehn Zentimeter lang. Jedenfalls hat er ein spezielles Leuchtorgan, mit dem er rotes Licht erzeugen kann. In der Tiefseeforschung vermutet man, dass die Tiere mit ihrem Blinker nicht nur selbst Beute anlocken, sondern auch ihren Artgenossen mitteilen, wenn Beute in der Nähe ist - eigentlich ganz sympathisch.

FEUER IN DEN WELLEN

Wer ein paar Tage nach Vollmond, kurz nach Sonnenuntergang von den Bermudainseln ein Stück aufs Meer hinausfährt, kann mit etwas Glück ein Flackern unter den Wellen erspähen. Auch Christoph Kolumbus fielen 1492 die grünlichen Lichter auf. Für ihn sah es aus, als würde man »eine kleine Wachskerze auf und nieder bewegen«. Doch was Kolumbus da beobachtete, war in Wahrheit das **LICHTSPIEL DER BERMUDA-FEUERWÜRMER**.

Die meiste Zeit ihres Lebens verbringen die Würmer am Meeresgrund, versteckt in selbstgebauten Wohnröhren aus Schleim und Sand. Doch einmal im Monat verlassen sie ihre Röhre, um sich zu paaren. Nach Sonnenuntergang schlängeln sich die Weibchen an die Meeresoberfläche, wo sie zu tanzenden Bewegungen grün-blaue Leuchtstoffe absondern. Von diesem Schauspiel angelockt, kommen auch die Männchen aus der Tiefe geschossen und vollführen unter grünblauen Blitzen ihren eigenen Wassertanz. Sobald sich genug Feuerwürmer versammelt haben, gibt jeder von ihnen seine Keimzellen ins Wasser ab, aus denen neue Feuerwürmer entstehen können. Anschließend tauchen sie alle wieder zurück zum Ozeanboden, wo sie einen Mondzyklus lang nur fressen und sich verstecken, bis die große Lichtshow wieder von vorn beginnt.

FARBE BEKENNEN

→

Überall in der Natur spielen Farben bei der Kommunikation der verschiedenen Tierarten eine wichtige Rolle. Eine bunte Feder oder ein buschiger Farbtupfer hier und da können über Leben und Tod entscheiden.

Dscheladas, enge Verwandte der Paviane, leben in Familienverbänden von bis zu 350 Tieren. Damit es bei so vielen Affen nicht zu tödlichen Kämpfen kommt, muss die Rangordnung klar sein. Da hilft es, dass Dscheladas ihre Stärke durch Farbe anzeigen.

→ Wie die meisten anderen Primaten haben Dscheladas Fell am ganzen Körper – bis auf eine KAHLE STELLE AUF DER BRUST. Bei den Männchen hat diese sanduhrförmige Stelle eine rosa bis rubinrote Färbung.

→ Eine feuerrote Brust beim Weibchen zeigt dem Männchen an, dass sie paarungsbereit ist. Auch der Brustfleck des Männchens färbt sich knallrot, wenn paarungsbereite Weibchen in der Nähe sind. Dann erinnert der Fleck stark an ein Herz. Darum wird der Dschelada im Englischen manchmal auch »bleeding-heart monkey« genannt: **AFFE, DEM DAS HERZ BLUTET.**

→ Studien haben gezeigt, dass der Rang eines Dschelada-Männchens innerhalb der Gruppe mit dem Farbton auf seiner Brust zusammenhängt. Die größeren, ranghöheren Männchen haben in der Regel knalligere Brustflecken. Das ist fast, als würden sie ein rotes Schild um den Hals tragen, das den Rest der Gruppe warnt: **»LEGT EUCH NICHT MIT MIR AN!«**

KANNST DU RADSCHLAG?

Manchmal dienen Farben nicht zur Einschüchterung, sondern zum Eindruckschinden. Das Pfauenmännchen verfügt über lange, prachtvolle Schwanzfedern, die schillern und rascheln, wenn es sie schüttelt. Die Wissenschaft ist sich noch nicht ganz einig, welchen Sinn die schweren und unpraktischen Federschwänze haben. Viele vermuten wie schon Charles Darwin, dass das Federkleid den Männchen dazu dient, um die Gunst des Weibchens zu buhlen und die Mitbewerber zu übertrumpfen. Aber laut einer anderen Erklärung sind die Schwanzfedern wie ein Abzeichen im Überlebenskampf.

Der Pfauenschwanz kann über anderthalb Meter lang werden. So viel Extragewicht kann dem Männchen die Nahrungssuche, die Flucht vor Raubtieren und das tägliche Leben ganz schön schwermachen. Darum glauben manche Fachleute, dass ein großes, schönes Pfauenrad den Weibchen zeigen soll, dass dieser Pfau eine besonders gute Partie ist – einfach, weil er trotz der schweren Last auf seinem Rücken bis jetzt überlebt hat.

Eins ist klar: Der Pfau kommuniziert etwas mit seinem Federkleid. **NUR HABEN WIR DIE BOTSCHAFT NOCH NICHT VERSTANDEN.**

Selbst wenn es scheint, als hätte die Wissenschaft schon alles über die Tierwelt herausgefunden, gibt sie uns immer noch jede Menge Rätsel auf.

FARBBOTSCHAFTEN

Die Karibischen Riffkalmare haben zwar viele Arme und Tentakel, doch sie kommunizieren miteinander **ÜBER FARBMUSTER AUF IHRER GLITSCHIGEN HAUT.** Das können sie dank spezieller Hautzellen, den sogenannten Chromatophoren, die von den Muskeln gesteuert werden. Bei angespanntem Muskel ziehen sich die Chromatophoren zu winzigen Punkten zusammen, aber wird der Muskel gelockert, dehnen sich die Punkte zu großen Farbklecksen. Und wenn Hunderte oder sogar Tausende dieser Zellen gleichzeitig aufleuchten, ist das ein sehr spektakulärer Anblick.

Kalmare können auf ihrer Haut alle möglichen Muster erzeugen. Besonders bekannt ist eine Art Zebramuster, mit dem das Männchen um die Gunst eines Weibchens wirbt. Bei Bedrohung färben sich die »Augenbrauen« des Kalmars golden und die Arme weiß. Außerdem kann er mit den Chromatophoren eine Art Augenmuster auf seinem Körper erzeugen, das seinen Fressfeinden Angst einjagt. Und der faszinierende kleine Tintenfisch kann sogar verschiedene Botschaften gleichzeitig senden: So kann er rechts einem Weibchen sein Zebramuster präsentieren und links einen herannahenden Rivalen mit einer bedrohlichen Färbung abschrecken.

GUCKEN ERLAUBT, ANFASSEN VERBOTEN! ↓

Schwarzes Fell mit weißen Streifen, Puschelschwanz, fieser Gestank – das Stinktier erkennt wohl jeder. Aber wusstest du, dass die Streifen mit dem Gestank zu tun haben? Es handelt sich nämlich um eine WARNFÄRBUNG, in der Wissenschaft auch »Aposematismus« genannt.

Solche Warnfarben finden sich überall im Tierreich, von den leuchtend blauen Ringen des hochgiftigen Blaugeringelten Kraken zu den orangenen Flügeln des Monarchfalters. Die Punkte beim Marienkäfer gehören ebenso dazu wie die Streifen der Feuerfische und vieler Wespen- und Bienenarten.

Solche Warnsignale sind ein schlauer Trick der Evolution, denn sie schützen Beutetiere vor dem Gefressenwerden und Räuber vor einer dummen Entscheidung.

So warnt der rotschwarze Pelz auf dem Rücken der Ameisenwespe mögliche Angreifer vor ihrem schmerzhaften Stich, während der Pfeilgiftfrosch allen Räubern mit seiner leuchtend blauen, grünen, gelben oder orangen Färbung zu verstehen gibt: Friss mich, und das war deine letzte Mahlzeit!

STINKTIER

BLAUGERINGELTER KRAKE

MONARCH-FALTER

SCHAUSPIELER, HOCHSTAPLER UND NACHAHMER

Viele eigentlich harmlose Tiere sind durch ihre Ähnlichkeit mit einem ungenießbaren oder giftigen Tier vor ihren Fressfeinden geschützt. Diese Form der Nachahmung nennt man Bates'sche Mimikry, nach einem Wissenschaftler namens Henry Walter Bates, der sie bei seinen Schmetterlingsstudien im brasilianischen Regenwald zum ersten Mal beobachtete.

SCHWEBFLIEGEN sind Meister der Bates'schen Mimikry. Es gibt rund 6.000 verschiedene Arten von ihnen, und sie sind verwandt mit den Stubenfliegen, die in unseren Küchen herumsummen. Aber viele Schwebfliegen sehen überhaupt nicht aus wie Fliegen, sondern eher wie Bienen oder Wespen. Und zwar so täuschend echt, dass es gut sein kann, dass du schon mal vor einer Reißaus genommen hast, aus Angst, gestochen zu werden – dabei können Schwebfliegen gar nicht stechen.

Durch MIMIKRY können Tiere die Vorteile von Giftdrüsen oder Giftstacheln nutzen, ohne wertvolle Energiereserven und Nährstoffe für solche Verteidigungswaffen einsetzen zu müssen. Immer wieder faszinierend, welche Tricks bestimmte Tierarten entwickelt haben, um sich vor dem Gefressenwerden zu schützen.

MARIENKÄFER

AMEISENWESPE

FEUERFISCH

PFEILGIFTFROSCH

WESPE

→ VIELLEICHT FRAGST DU DICH JETZT, WARUM BEI MANCHEN TIEREN DIE WARNFARBEN SCHWARZ UND WEISS SIND, BEI ANDEREN ABER GRELL UND BUNT. Also: Das Farbmuster hängt mit dem Lebensrhythmus der Tiere zusammen. Bunte Tiere wie etwa die Hummel oder die Korallenotter sind eher tagaktiv. Raubtiere, deren Augen tagsüber besser funktionieren, können dann die Farbmuster erkennen und halten sich lieber fern. Andere, wie zum Beispiel Stinktier, Stachelschwein und Honigdachs, gehen vor allem nachts auf Nahrungssuche – dann schreckt ihr schwarz-weißes Muster nächtliche Räuber am besten ab.

Hemaris thysbe ist ein **NACHT-FALTER** aus der Familie der Schwärmer, der oft mit einer Biene verwechselt wird, im Verhalten aber einem Kolibri ähnelt. Einige Insektenarten aus der Familie der Fanghaften haben wespenartige gelb-schwarze Streifen, können aber gar nicht stechen. Und auch der Pinselkäfer aus der Familie der Blatthornkäfer wirkt mit seinem gelb-schwarzen Muster viel gefährlicher, als er ist.

Die Rote Königsnatter ist eine harmlose Schlange, sieht aber der giftigen Korallenotter zum Verwechseln ähnlich. Und eine eigentlich sanftmütige Heuschrecke hält sich durch ihre Ähnlichkeit mit dem Respekt einflößenden Sand-laufkäfer viele Angreifer vom Leib. Es gibt sogar Insekten, die mit ihrem glänzenden roten und schwarz-gepunkteten Panzer niedliche, aber ungenießbare Marien-käfer nachmachen. Aber die Prosoplecta sind gar keine Marienkäfer – sondern **SCHABEN**!

DREAMTEAMS UNTER WASSER →

Der Leopard-Forellenbarsch, der zu den Zackenbarschen gehört, ist ein kräftiger, schneller Fisch mit einem Maul wie ein Staubsauger.

Er kann bis zu einen Meter lang werden. Wenn ihm der Magen knurrt, jagt er kleineren Fischen im offenen Wasser hinterher und schlingt sie im Ganzen herunter. Nur manchmal schlüpfen die kleinen Fische in eine Spalte im Korallenriff und retten sich so vor dem riesigen Schlund. Doch der Forellenbarsch gibt nicht einfach auf – im Gegenteil: Er ruft sich Verstärkung.

Als Erstes schwimmt er bis vor die Spalte, in der sich seine Beute versteckt, und hält das Maul dicht vor die Öffnung. Dann fängt er an, heftig den Kopf zu schütteln. Kurze Pause ... Kopfschütteln. Und wieder: Pause ... Kopfschütteln.

→ ZACKENBARSCHE JAGEN HÄUFIG IM TEAM MIT ANDEREN FISCHARTEN. Und die Zusammenarbeit lohnt sich - wenn jeder seine Stärken einbringt, ist den Jägern die Beute fast sicher.

→ Der NAPOLEONLIPPFISCH hat ein großes Maul mit kräftigen Kiefern, mit denen er mühelos Gestein und Korallen zermalmen kann. Im Team aus Forellenbarsch, Napoleon und Muräne trägt jeder etwas bei, was die anderen nicht können – und zusammen fangen sie so viel mehr Beute, als sie es allein könnten.

EIN TRÖPFCHEN HONIG

Spitzkopfzikaden verbringen die meiste Zeit auf Bäumen, wo sie ihren Rüssel in die Rinde stecken und den nahrhaften Saft heraussaugen. Für die winzigen Saftschlürfer ist fast jedes andere Wesen in den Wäldern Madagaskars ein Fressfeind. Und wenn sich ein hungriger Taggecko mit seiner kräftigen, herausschnellenden Zunge der Zikade nähert, ist das ihr sicheres Ende – denkt man. Dabei hat der Gecko nur eine Bitte.

Der Taggecko wippt mit dem Kopf. Daraufhin lässt die Zikade ihr Hinterteil erzittern. Und im nächsten Moment spritzt sie dem Gecko einen WINZIGEN TROPFEN HONIGTAU ins Maul, den er nur zu gerne aufschleckt.

WAS ZU KNABBERN?

Fische im Korallenriff werden ständig von winzigen blutsaugenden Parasiten befallen, sogenannten Fischasseln, die sie allein nicht wieder loswerden. Zum Glück können sie dabei auf Hilfe zählen.

Das geht so: Ein großer Fisch, zum Beispiel ein Hai oder Rochen, klappt das Maul auf, spreizt die Flossen, bläht die Kiemen auf und verharrt dann ganz still. So sagt er: »Ich erwarte die Putzkolonne.« Prompt kommen kleine Lippfische und Garnelen angeschwommen und fangen an, den großen Fisch von Parasiten und abgestorbenen Hautschuppen zu befreien. Körperpflege für den Hai und eine kostenlose Mahlzeit für die Putzerfische – so haben alle was davon!

→ Die **RIESENMURÄNE** ist ein langer, schlanker und sehr wendiger Fisch, der in Löchern und Spalten stöbern kann, die für den Zackenbarsch viel zu eng sind.

→ Manchmal ruft der Zackenbarsch die Riesenmuräne auch dazu, bevor er etwas Fressbares gefunden hat. Dann schwimmt er zu ihrer Höhle und versucht sie mit **HEFTIGEM KOPFSCHÜTTELN** herauszulocken. An manchen Tagen beachtet die Muräne ihn gar nicht. Aber manchmal kommt sie doch heraus, und die beiden Fische schwimmen gemeinsam davon, zu allen Schandtaten bereit.

KOKO LERNT GEBÄRDENSPRACHE

1971 wurde im Zoo von San Francisco ein Westlicher Flachlandgorilla namens Koko geboren. Das Besondere an Koko war ihre Sprachbegabung: Ein Forschungsteam brachte ihr bei, sich mithilfe der Gebärdensprache auszudrücken. Im Laufe ihres Lebens lernte Koko über **1.000 VERSCHIEDENE GEBÄRDEN** und verstand außerdem fast **2.000 GESPROCHENE ENGLISCHE WÖRTER**.

Gorillas in freier Wildbahn haben natürlich nicht so einen großen Wortschatz wie Koko. Doch Studien haben gezeigt, dass die Tiere über den Gesichtsausdruck miteinander kommunizieren. Ein Gorilla in Spiellaune macht den Mund weit auf, wobei die Lippen die Zähne verdecken. Das sieht ein bisschen verpeilt aus, aber so zeigt er den anderen, dass er Spaß haben will.

LAUTE UND GERÄUSCHE

ES BRUMMT IN DER BUCHT →

In den Achtzigerjahren klagten Jachtbewohner in Sausalito, einer Stadt in der Bucht von San Francisco, immer wieder über ein seltsames Geräusch. Jeden Abend nach Sonnenuntergang, wenn sie sich gerade schlafen legen wollten, setzte ein fürchterlicher Brummton ein, der durch den Rumpf ihrer Hausboote drang. Das Geräusch war so laut, dass an Einschlafen nicht zu denken war.

Manche glaubten, das Brummen stammte von einem geheimen Militärprojekt. Andere hatten sogar Aliens im Verdacht. Erst Jahre später kam die Wahrheit ans Licht: Hinter dem unheimlichen Brummen steckte nichts anderes als ein paar Fische auf der Suche nach Liebe. **KRÖTENFISCHE**, um genau zu sein.

→ Mit seinem platten Froschgesicht, der schleimigen Haut und den knorrigen, schnurrhaarähnlichen Barteln am Unterkiefer ist der Krötenfisch **NICHT GERADE EINE SCHÖNHEIT**. Aber was zählen schon Äußerlichkeiten, wenn man unfassbar laut brummen kann?

→ Wie viele andere Fischarten können auch die Krötenfische unter Wasser singen. Dafür lassen sie die Muskeln an ihrer Schwimmblase rasend schnell vibrieren: bis zu **300 MAL PRO SEKUNDE**. Das ist schneller als der Flügelschlag des schnellsten Kolibris der Welt!

Für das menschliche Ohr klingt der Krötenfischgesang ein bisschen wie ein vibrierendes Handy auf einem Tisch. Aber für andere Krötenfische ist jeder Ruf eine komplexe Symphonie aus zwei Grundlauten: Grunzen und Tuten. JEDER FISCH KOMBINIERT DIESE LAUTE AUF SEINE WEISE UND SCHAFFT SO SEINEN EIGENEN GESANG. Damit kann er Weibchen anlocken und andere Männchen verscheuchen.

Es kommt auch vor, dass Krötenfischmännchen einfach dazwischengrunzen, wenn ein Nachbar singt, und ihn so durcheinanderbringen. Mit anderen Worten: KRÖTENFISCHE KÖNNEN GANZ SCHÖN FIES SEIN.

WELTMEISTER IM NACHÄFFEN IST KEIN AFFE … SONDERN EIN VOGEL

Solltest du je in den südaustralischen Bergwäldern unterwegs sein und auf einmal einen Autoalarm hören, keine Sorge – wahrscheinlich ist hier kein Autodieb am Werk, sondern ein Leierschwanzmännchen. Auf der Suche nach einer Partnerin singt er Lieder aus seinem umfangreichen Repertoire: Er ahmt das PFEIFEN, ZWITSCHERN UND KRÄCHZEN anderer Vögel nach, aber auch viel schwierigere Geräusche, die nicht aus der Vogelwelt stammen – zum Beispiel einen Autoalarm! Ob schreiende Babys, knatternde Kettensägen, klickende Kameras, Pistolenschüsse oder sogar Klingeltöne – der Leierschwanz imitiert jedes Geräusch und baut es in seinen Gesang ein. Seine Lieblingstöne gibt er später sogar an seine Küken weiter – wie Menscheneltern, die ihrem Nachwuchs Kinderreime beibringen.

ZIKADEN SINGEN AUS DEM BAUCH

Würdest du jetzt rausgehen und dir die Seele aus dem Leib brüllen, würde man das keine zweihundert Meter weit hören. Dein Geschrei ist zwar laut genug, um die Nachbarn zu nerven, aber gar nichts im Vergleich zur Singzikade, deren 100-DEZIBEL-GESCHNATTER ÜBER ZWEI KILOMETER WEIT HÖRBAR ist. Und das, obwohl die kleinen Zirpen weder Stimmbänder noch eine Lunge haben!

Stattdessen nutzt das Zikadenmännchen das Tymbal- oder Trommelorgan an den Seiten des Hinterleibs, das aus zwei gewölbten, durch Rippen verstärkten Häutchen, »Schallplatten« genannt, besteht. Durch das Anspannen und Lockern der Muskeln werden die Schallplatten in Schwingung versetzt – und das mehrere Hundert Mal pro Sekunde!

RASSEL-BANDEN

→

Auf uns wirken die Sprachen der Tiere oft geheimnisvoll oder kompliziert. Manchmal kommunizieren sie so schnell, dass wir es mit einem Blinzeln verpassen, und manchmal – wie im Fall der chemischen Botenstoffe – sind die Signale unsichtbar und wir können gar nichts mitbekommen. Ganz anders bei der Klapperschlange. Wenn die was zu sagen hat, schüttelt sie einfach ihre Schwanzrassel und alle Welt hört zu.

Die Rassel der Klapperschlange sitzt am Schwanzende und besteht aus mehreren hohlen Gliedern, die ein Geräusch erzeugen, wenn die Schlange sie vibrieren lässt. Viele Menschen in Amerika fürchten sich auf ihren Waldwanderungen vor dem typischen SCH-SCH-SCH-Gerassel der Klapperschlange. Kein Wunder: Die 36 Klapperschlangenarten Amerikas sind zwar alle leicht unterschiedlich, doch sie alle besitzen sehr große, nach hinten gekrümmte Giftzähne, mit denen sie ihrem Opfer einen tödlichen Giftcocktail einflößen können. Schon ein einziger Biss reicht aus, um einen Menschen zur Strecke zu bringen.

HIER KLATSCHT'S GLEICH, ABER KEINEN BEIFALL

Biber haben viele tolle Eigenschaften – eisenharte Zähne, wasserdichter Pelz –, aber das Beste an ihnen ist ihre Kelle: ihr großer, platter, schuppiger schwarzer Schwanz, der im Wasser als Ruder und an Land als Extrabein dient, außerdem als Fettspeicher und praktisches **MOBIL-KELLEFON**!

Fühlt ein Biber sich bedroht, hebt er seine Kelle aus dem Wasser und lässt sie runterklatschen – und zwar **MIT SCHMACKES**. Das laute Klatschen ist ein Warnsignal für andere Biber und in der ganzen Umgebung zu hören. Und weil der Biber mit seiner riesigen Lunge bis zu 15 Minuten untertauchen kann, hat ein Räuber, der das **KLATSCHEN** hört, keine Chance auf eine Bibermahlzeit.

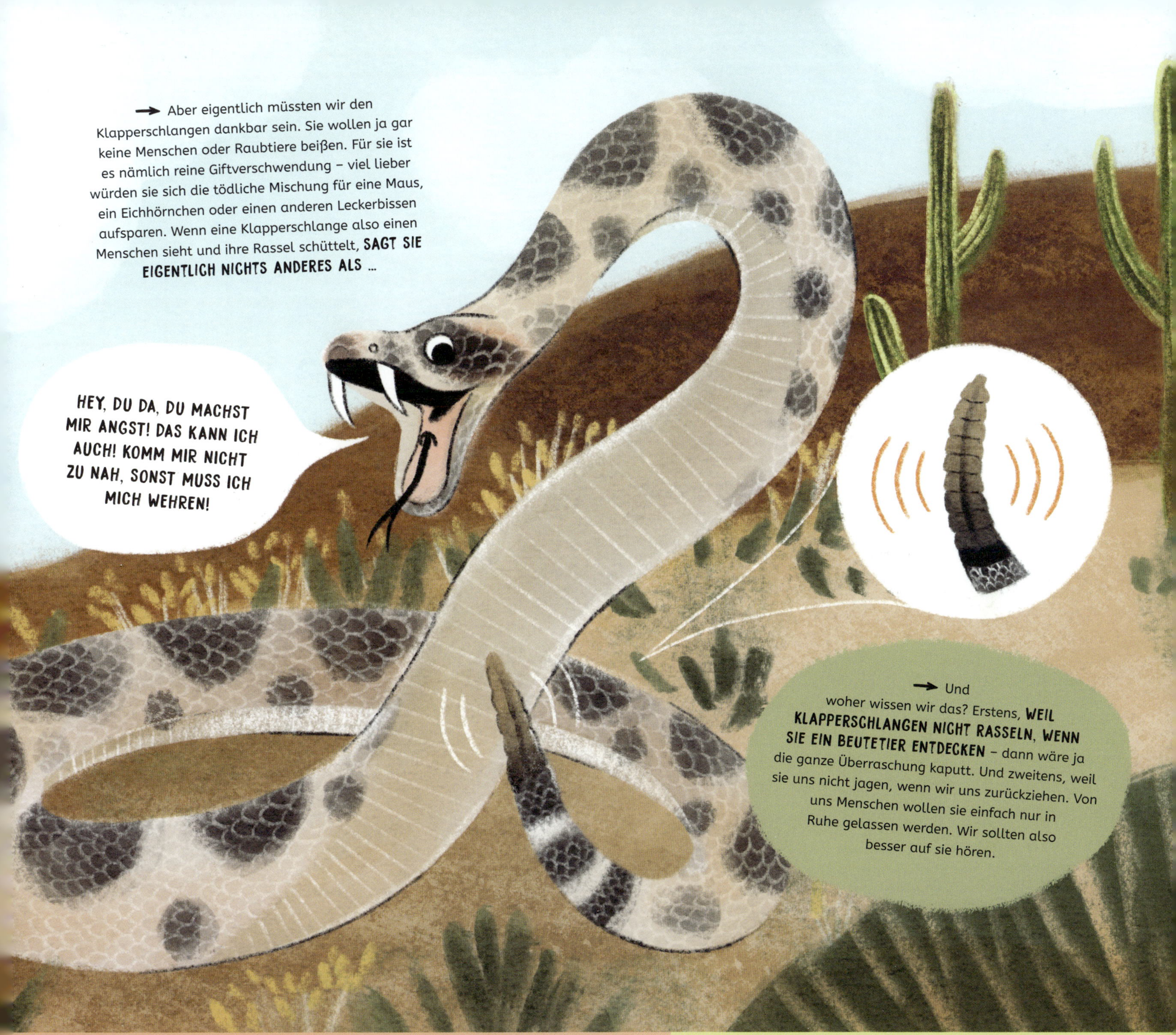

→ Aber eigentlich müssten wir den Klapperschlangen dankbar sein. Sie wollen ja gar keine Menschen oder Raubtiere beißen. Für sie ist es nämlich reine Giftverschwendung – viel lieber würden sie sich die tödliche Mischung für eine Maus, ein Eichhörnchen oder einen anderen Leckerbissen aufsparen. Wenn eine Klapperschlange also einen Menschen sieht und ihre Rassel schüttelt, SAGT SIE EIGENTLICH NICHTS ANDERES ALS …

HEY, DU DA, DU MACHST MIR ANGST! DAS KANN ICH AUCH! KOMM MIR NICHT ZU NAH, SONST MUSS ICH MICH WEHREN!

→ Und woher wissen wir das? Erstens, WEIL KLAPPERSCHLANGEN NICHT RASSELN, WENN SIE EIN BEUTETIER ENTDECKEN – dann wäre ja die ganze Überraschung kaputt. Und zweitens, weil sie uns nicht jagen, wenn wir uns zurückziehen. Von uns Menschen wollen sie einfach nur in Ruhe gelassen werden. Wir sollten also besser auf sie hören.

PRUUUUST!

Wer an Wild denkt, stellt sich meistens einen edlen Hirsch vor, der in der Abenddämmerung stumm in einer weiten Landschaft steht, oder eine Rehmutter mit Kitz, die an einem sprudelnden Bach trinkt. Alles friedlich und still. Pustekuchen: Hier wird GESCHNAUBT, was das Zeug hält.

Das laute, nasale HATSCHU! der Rehe klingt zwar ein bisschen albern, aber so aus dem Nichts kann einem das Schnauben einen ganz schönen Schreck einjagen – und einen Angreifer in die Flucht schlagen. Außerdem befreit es die Nasengänge – danach kann das Tier besser riechen, ob es sich zu fliehen lohnt.

WENN SCHABEN DAMPF ABLASSEN

Das typische ZSCHZSCH der Madagaskar-Fauchschabe entsteht, wenn die Schabe durch ihre Stigmen LUFT AUSSTÖßT – das sind winzige Öffnungen, durch die Luft von außen in den Körper gelangt. Schaben brauchen Sauerstoff wie du und ich - auch sie müssen ein- und wieder ausatmen. Und weil die Luft durch so winzige Löcher gepresst wird, entsteht beim kräftigen Ausatmen ein lautes Geräusch, mit dem die Schabe Räuber abschrecken kann. Die Männchen setzen es auch bei der Partnersuche ein. Du willst das Liebeslied der Schaben nachmachen? Einfach feste in einen Strohhalm pusten!

HEULEN WÖLFE WIRKLICH DEN MOND AN? →

Das *WAHUUUUU* des Wolfs ist wohl der bekannteste Laut im ganzen Tierreich. Dabei wird er oft missverstanden.

Die Vorstellung, dass Wölfe den Mond anheulen, ist schon jahrtausendealt, aber in Wahrheit gibt es keine Beweise dafür. Nichts deutet darauf hin, dass der große, helle Erdsatellit für sie irgendetwas anderes ist als eine Lichtquelle in der dunklen Nacht. Trotzdem heulen Wölfe ziemlich viel, und das aus gutem Grund.

→ Wölfe sind sehr sozial und leben normalerweise in Rudeln von fünf bis zwölf, manchmal auch über 30 Tieren. In einem so großen Rudel ist Heulen ein **WICHTIGES KOMMUNIKATIONSMITTEL**.

→ Das Heulen hat viele verschiedene Funktionen. Wölfe heulen, um **DAS RUDEL ZUR JAGD ZUSAMMENZUTROMMELN** oder **DIE ANDEREN IM SCHNEESTURM WIEDERZUFINDEN**. Sie teilen einander mit, wenn in der Nähe ein leckerer Elchkadaver liegt, oder sie warnen Rivalen, die in ihr Revier eindringen.

→ **ES STIMMT WAHRSCHEINLICH, DASS WÖLFE VOR ALLEM NACHTS HEULEN.** Uns kommt das vielleicht gruselig vor, aber es liegt einfach daran, dass sie eher nachts jagen – sie tun es nicht, um uns Albträume zu bescheren.

ROTHUNDE PFEIFEN BEI DER ARBEIT

Mit seinem rötlichen Pelz und der spitzen Schnauze halten manche den Rothund für eine Art Mischung aus einem Grau- und einem Rotfuchs, aber eigentlich ist dieses Tier am nächsten mit dem Afrikanischen Wildhund verwandt. Im Englischen wird er auch »WHISTLING DOG« (pfeifender Hund) genannt, weil er sich in dicht bewachsenen Wäldern mithilfe von kurzen, SCHRILLEN PFEIFTÖNEN verständigt. Aber er hat noch mehr Laute drauf. Mit einem hohen *HUU–HUU* ruft er nach seinem Rudel und vor einem Angriff wird gekeckert – das hört sich dann so an: *KÄKÄKÄKÄH!* Eigentlich klingt der Rothund mehr wie ein Vogel als wie ein Hund.

DAS LAUTESTE LANDTIER DER WELT

In den Regenwäldern Mittel- und Südamerikas ist eine Affenart zuhause, die ihrem Namen alle Ehre macht: die BRÜLLAFFEN. Das lauteste Landtier der Welt ist noch auf fünf Kilometer Entfernung zu hören – dank einem vergrößerten, hohlen, u-förmigen Zungenbeinknochen, der das Brüllen verstärkt.

Mit seinem Gebrüll macht ein Männchen allen anderen in der Umgebung klar, wie GROSS UND STARK es ist. Anstatt ihre Rangkämpfe also in den Baumwipfeln auszufechten – was leicht mit Verletzung oder Tod enden könnte –, versuchen die Brüllaffen erst, ihren Streit mit Worten zu lösen – nur eben mit ... SEHR, SEHR LAUTEN WORTEN!

NIESEN HEIẞT »JA«

Afrikanische Wildhunde leben in Rudeln von über zwanzig Artgenossen zusammen. Wenn einer von ihnen Hunger bekommt, wird gemeinsam über die nächste Jagd abgestimmt – mit einem Nieser, versteht sich! Erst berühren sich die Tiere gegenseitig am Kopf, wedeln mit dem Schwanz und laufen aufgeregt umher. Und dann fängt einer an zu niesen. SOBALD GENUG HUNDE MITNIESEN, IST ES BESCHLOSSENE SACHE: DAS GANZE RUDEL GEHT AUF BEUTEJAGD. Interessanterweise sind aber nicht alle Nieser gleichwertig: Wenn der Rudelführer nur dreimal niesen muss, um alle auf seine Seite zu bekommen, braucht ein rangniedrigerer Hund vielleicht zehn Nieser, um die anderen zu überzeugen.

FORM, FARBE, GRÖSSE, GESCHWINDIGKEIT: DER WORTSCHATZ DER PRÄRIEHUNDE

Sie QUIEKEN und ZWITSCHERN, BELLEN und FIEPEN. Studien zufolge ist der Wortschatz der Präriehunde so groß, dass sie mit ihren ALARMRUFEN sogar das Aussehen eines möglichen Angreifers beschreiben können. Wenn sie ein Forscherteam in weißen Laborkitteln sahen, gaben alle ungefähr den gleichen Alarmruf von sich. Wenn aber dieselben Personen plötzlich in blauen, grauen, orangen und grünen T-Shirts auftauchten, quietschten alle Tiere wild durcheinander. Zieh dich also lieber anständig an, wenn du das nächste Mal durch die Prärie wanderst – wer weiß, was die geschwätzigen Nager sonst hinter deinem Rücken erzählen!

QUASSELSTRIPPEN IN UNSERER VERWANDTSCHAFT ↓

In den Wäldern Westafrikas sieht man manchmal seltsame Bäume. Hohle Stämme mit abgekratzter Rinde und davor: Steinhaufen. Natürlich sammelt ein Baum keine Steine. Vögel und Elefanten tun das auch nicht, und auch die Menschen aus der Umgebung sind keine Steinesammler. Aber wer ist dann für die Steinhaufen verantwortlich? Die Antwort: Schimpansen.

Mit versteckten Kameras wurde aufgezeichnet, wie vier verschiedene Schimpansengruppen diese Bäume aufsuchen und Steine dagegenwerfen, die manchmal so groß sind wie ihr eigener Kopf. Immer wieder kommen die Affen vorbei, rufen uh-uh-uh und werfen einen Stein. Dann setzen sie sich hin und warten ab.

Warum die Tiere das tun, wird auf den Videos nicht deutlich. Sie holen damit keine saftigen Früchte vom Baum und zerschlagen auch keinen Bienenstock. Das Steinesammeln und -werfen scheint auch kein Spiel zu sein, mit dem sich die Schimpansen die Zeit vertreiben.

Eine Erklärung lautet, dass es den Schimpansen vor allem auf das dumpfe Geräusch ankommt und sie auf diese Weise über weite Entfernung miteinander kommunizieren. Aber was sie genau sagen, bleibt ein Rätsel.

→ Immer mehr deutet darauf hin, dass unsere engsten Verwandten im Tierreich viel **KOMPLEXERE GEDANKEN UND VORSTELLUNGEN AUSDRÜCKEN** können als alle anderen Tiere. Mit ihren *U-U-A-A*-Rufen und verschiedenen Bell- und Grunzlauten rufen sie ihre Artgenossen herbei, wenn sie etwas Fressbares aufgetan haben. Ein lautes *WRARR* kann bedeuten, dass es was Neues gibt oder dass irgendwo Gefahr lauert. Außerdem hat jeder Schimpanse seinen ganz eigenen, nur für ihn typischen Ruf, der ihn vom Rest der Gruppe unterscheidet.

→ BESONDERS DIE MÄNNCHEN HABEN EIN GROßES MITTEILUNGSBEDÜRFNIS – sie geben sich laut und kämpferisch und zeigen auch durch ihre Körpersprache, wer der Boss ist: Sie trommeln gegen Bäume oder auf den Boden, stampfen mit dem Fuß, schleifen dicke Äste durch die Gegend oder werfen mit Steinen.

→ GESTEN SIND BEI DEN PRIMATEN BESONDERS WICHTIG. Wenn eine Schimpansenmutter das Hinterbein anhebt, ist das für ihr Baby das Zeichen, dass es jetzt huckepack weitergeht. Kommt ein Schimpanse einem anderen zu nah, reicht ein kleiner Schubser mit dem Handrücken, um zu sagen: Geh bitte auf Abstand! Manchmal sieht man Schimpansen auch mit den Zähnen Blätter in Streifen reißen, fast wie ein Mensch, der nervös auf einem Bleistift kaut: Ein Schimpanse, der das tut, will wahrscheinlich flirten.

→ Was vielleicht noch interessanter ist: In einer anderen Studie (ja, Schimpansen sind ein beliebtes Forschungsobjekt!) wurde das Kommunikationsverhalten von Menschen- und Schimpansenbabys verglichen. Dabei zeigte sich, dass Kleinkinder etwa 52 verschiedene Gesten einsetzen, um sich mitzuteilen. 46 davon wurden auch bei den Schimpansen beobachtet. Also sind wir uns vielleicht NOCH ÄHNLICHER, als wir alle dachten!

WENN SIE SICH UNTERHALTEN, BEBT DIE ERDE →

Elefanten kommunizieren mit »Infraschall« – Schallwellen, die so tief sind, dass sie unterhalb des menschlichen Hörbereichs liegen. Die Töne entstehen, wenn ein Luftstrom die Stimmbänder des Tieres zum Schwingen bringt, wie wenn wir Menschen singen. Der Unterschied besteht darin, dass die Stimmbänder des Elefanten achtmal so groß sind wie unsere, sodass ein viel tieferer Ton herauskommt.

→ Und jetzt der wirklich interessante Teil: **WEIL DIE TÖNE SO TIEF UND LAUT SIND, WERDEN SIE ÜBER DEN BODEN ÜBERTRAGEN**, und zwar bis zu zehn Kilometer weit. Das ist dann so ähnlich wie die Schockwellen von einem Mini-Erdbeben. Und tatsächlich kann man den Infraschall der Elefanten mit einem Seismografen messen – mit diesem Gerät werden eigentlich Erdbeben gemessen.

DER STUMME SCHREI DER MAKIS

Eines Tages machte ein Forschungsteam im Labor eine erstaunliche Entdeckung: Die Philippinen-Koboldmakis, die sie dort beobachteten, schienen ständig zu gähnen – sie rissen den Mund weit auf, aber nie kam ein Laut heraus. Mit einem Spezialmikrofon ging das Team der Sache auf den Grund. Schnell wurde klar: Das war kein Gähnen. Es waren **SCHREIE**.

Offenbar sind diese Koboldmakis die einzigen Primaten, die sich per Ultraschall verständigen – ihre Schreie sind so hoch, dass das menschliche Ohr sie noch nicht einmal als Geräusch wahrnimmt. Auch Motten und Laubheuschrecken – die Leibspeisen der Makis – erzeugen Töne im Ultraschallbereich. Also nutzen die Makis den Ultraschall wahrscheinlich nicht nur, um sich unbemerkt von Räubern geheime Botschaften zu senden, sondern auch zum Aufspüren von Beute.

WENN ES KLICK MACHT

Delfine sind berühmt für ihre **FÄHIGKEIT ZUR ECHOORTUNG** – sie »sehen« ihre Umgebung, indem sie **KLICKLAUTE** aussenden und dann auf das Echo lauschen, das zurückgeworfen wird. Die Klicks werden oben im Nasengang mit den Stimmlippen erzeugt und von einem fettgefüllten Organ hinter der Stirn gebündelt und verstärkt. Und das Beste ist: Auf genau diese Weise – nur viel, viel schneller – kann der Delfin auch kommunizieren.

Will ein Delfin sich mithilfe der Echoortung zurechtfinden, erzeugt er etwa 200 Klicks pro Sekunde. Aber wenn er sich mit anderen »unterhalten« will, klickt er bis zu 2000 Mal pro Sekunde!

Die Tiere nutzen diese rasend schnellen Klickfolgen für alles Mögliche. Ob sie in **SPIELLAUNE** sind oder **ANGST** haben, einen anderen Delfin ärgern oder sogar einschüchtern wollen – immer feuern sie **KLICKSALVEN** ab. Manchmal dienen sie sogar als Waffe – wie beim Menschen ein gellender Schrei direkt ins Trommelfell. Delfinmütter wurden schon dabei beobachtet, wie sie Klicksalven auf ihren Nachwuchs abfeuern, wenn der sich mal wieder danebenbenimmt!

→ Aber vielleicht fragst du dich jetzt: Wie hört ein Elefant eine Nachricht, die durch den Boden geht? Natürlich mit seinen Füßen! Elefanten haben riesige Füße. Das weiß jeder. Aber viele wissen nicht, dass die **BAUMDICKEN FÜSSE ÜBER DUTZENDE VON SINNESREZEPTOREN VERFÜGEN, DIE FÜR DIE FEINEN ERSCHÜTTERUNGEN EMPFINDLICH SIND.**

→ Elefanten können ihre riesigen, klumpigen Füße sogar ganz platt machen und in die Erde drücken, um die Bodenerschütterungen noch besser wahrzunehmen – so wie du und ich die Hand ans Ohr legen, um besser zu hören: **MAN NIMMT EIN KÖRPERTEIL, DAS DAZU GEBAUT IST, SCHALLWELLEN AUFZUFANGEN, UND MACHT ES KURZZEITIG GRÖSSER.**

→ Manche Fachleute glauben, dass wir Infraschall-Geräte entwickeln sollten, um die Tiere zu belauschen und sie so besser vor Wilderern zu schützen. Wenn dann in der Nacht **ALARMRUFE ODER GETRAMPEL** aufgezeichnet werden, könnten Ranger sich aufmachen und vor Ort sicherstellen, dass die Elefanten nicht in Gefahr sind.

FURZENDE FISCHE: DOCH, WIRKLICH!

Wenn zwei Heringe sich unterhalten wollen, stoßen sie **LUFTBLASEN** aus dem Hintern und erzeugen so ein schnelles, rhythmisches Knattern. Heringe furzen sich ihre Nachrichten zu.

Da Wasser Geräusche besonders gut leitet, überträgt sich Schall im Wasser fünf Mal so schnell wie in der Luft. Das machen sich die Heringe zunutze, um einander **WARNUNGEN UND ANDERE BOTSCHAFTEN** zu senden. Auch wenn es klingt wie ein paar Teenager, die mit der Achselhöhle furzen, ist das Geknatter der Heringe ein ernstes Signal, das den Tieren das Überleben sichern kann.

ES FIEPT UND QUIEKT NACHTEIN, NACHTAUS, DAS IST BESTIMMT DIE FLEDERMAUS ↓

Erinnerst du dich an die Koboldmakis, die sich mit Ultraschall verständigen – mit Tönen, die so hoch sind, dass der Mensch sie nicht hören kann? Tja, Fledermäuse tun das auch – nur viel besser.

Fledermäuse können nicht nur unheimlich hohe ZWITSCHER- UND FIEPTÖNE erzeugen, sondern auch hören, wenn die Schallwellen von einem Gegenstand abprallen und zurückgeworfen werden. So verschaffen sie sich ein Hörbild von ihrer Umgebung, mit dem sie sich auch in dunklen Höhlen zurechtfinden und nachts wie ein Düsenjäger auf ein fliegendes Insekt zuflitzen können.

Seit kurzem wissen wir, dass Fledermäuse die Echotöne nicht nur zur Jagd nutzen, sondern auch zur Kommunikation. Die Mexikanische Bulldoggfledermaus und die Große Hufeisennase zum Beispiel senden spezielle Identifikationsrufe aus. So etwas ist praktisch, weil viele Fledermausarten in Kolonien von mehreren Millionen Tieren zusammenleben. Mit den Identifikationsrufen teilen die Fledermäuse den anderen mit: »HALLO, ICH BIN'S BLOSS!«

Die Große Sackflügelfledermaus kann anhand der Fieptöne auch das Geschlecht einer anderen Fledermaus erkennen und passt je nachdem ihr Verhalten an. Wenn ein Männchen ein anderes Männchen hört, sendet es meist aggressive Laute zurück, auf das Echopiepen eines Weibchens, reagiert es mit freundlicheren Lauten. Trotz vieler neuer Erkenntnisse der letzten Zeit gibt uns die Echoortung der Fledermäuse immer noch Rätsel auf. Aber eines steht jetzt schon fest: Es ist eindeutig eine Superkraft!

→ Mit ihren Echoklicks kann eine Fledermaus die erstaunlichsten Sachen anstellen. Zum Beispiel erkennt sie anhand der Stärke des Echos, WIE GROSS EIN INSEKT IST, ob es über oder unter ihr fliegt, ob rechts oder links und sogar, ob es sich von ihr weg- oder auf sie zubewegt.

→ Manche Fledermäuse erzeugen die hohen Fieptöne mit dem Mund, andere mit der Nase. Einige Flughundarten nutzen sogar **DAS GERÄUSCH IHRES FLÜGELSCHLAGS** für eine schwache Form der Echoortung. (Allerdings kommt bei den meisten Flughunden gar keine Echoortung vor. Kein Wunder eigentlich: Flughunde – auf Englisch auch *Fruit bats*, also Fruchtfledermäuse – ernähren sich nämlich nicht von Insekten, sondern von Obst – und das fliegt ja nicht weg!)

→ Blattnasen können mithilfe der Echoortung mitten im Regenwald eine Libelle auf einem Blatt finden, was bedeutet, dass sich die Beute nicht einmal bewegen muss, damit die Fledermaus sie aufspürt – vermutlich wirft das Blatt dabei wie ein Spiegel die Rufe der Fledermaus zurück. **MANCHE FLEDERMÄUSE KÖNNEN SOGAR VERSCHIEDENE OBERFLÄCHEN NUR ANHAND VON ECHOLAUTEN UNTERSCHEIDEN!**

→ All das können sie dank hochspezialisierter Ohren, die auch den schwächsten Hall auffangen. Willst du es mal ausprobieren? Dann klatsch in die Hände, während du mit geschlossenen Augen durchs Haus gehst – aber halt dich bitte von allen Treppen fern! Am besten funktioniert es in einem Flur mit einer offenen Tür. Hörst du, dass das Klatschen lauter hallt, wenn du nah an einer Wand stehst? Und wie es schwächer wird, wenn du dich der offenen Tür näherst? **TADAA — DAS IST ECHOORTUNG!**

→ Dank Echoortung können Hasenmaulfledermäuse sogar die Kräuselwellen auf dem Wasser wahrnehmen, die von kleinen Fischen verursacht werden. Die schnappen sie sich dann mit den Füßen, genau wie ein Greifvogel. **(JA, MANCHE FLEDERMÄUSE FRESSEN FISCHE!)**

SAG'S MIT EINEM FEDERRASCHELN ↓

Jeder weiß, dass Vögel viele verschiedene Laute von sich geben. Singvögel singen, Hähne krähen, Tauben gurren, Truthähne kollern und Enten quaken. Aber wusstest du schon, dass manche Vögel allein mit ihren Federn Geräusche machen können? Auf uns Menschen übertragen: Das ist, als würdest du mit den Haaren singen!

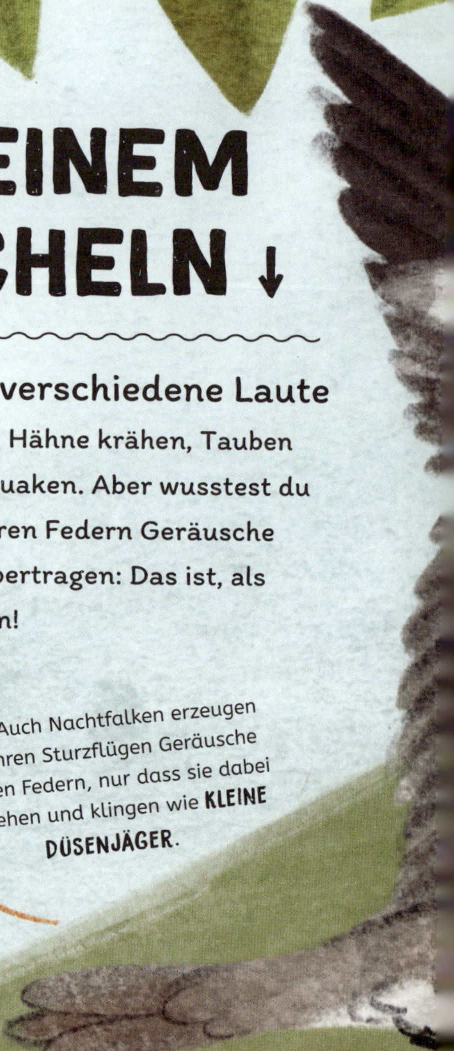

→ Auch Nachtfalken erzeugen auf ihren Sturzflügen Geräusche mit den Federn, nur dass sie dabei aussehen und klingen wie **KLEINE DÜSENJÄGER**.

→ Kolibris sind besonders begabte Federsänger. Will ein Männchen ein Weibchen umwerben, fliegt es erst hoch in die Baumkronen und stürzt dann pfeilschnell wieder auf das Weibchen zu. Wie eine Pistolenkugel rast der Vogel aus dem Himmel und wird dabei immer schneller, **BIS ER IN ALLERLETZTER SEKUNDE SEINE SCHWANZFEDERN SPREIZT.** Das erzeugt einen Luftwiderstand und lässt die Ränder der Federn vibrieren. Das Geräusch erinnert an das Pfeifen, wenn du auf einen Grashalm zwischen deinen Fingern pustest.

WAS PASSIERT, WENN MAN EINEM ALLIGATOR HELIUM GIBT?

In einer Studie wurde ein besonders kommunikativer Chinesischer Alligator aus einem Zoo in eine luftdichte Kammer gebracht, um seine Rufe aufzuzeichnen – normalerweise ein lautes, tiefes Grummeln. Dann ließ das Forscherteam Heliox (ein Sauerstoff-Helium-Gemisch) in den Raum einströmen und nahm das Grummeln des Tieres erneut auf. Ein Computer wertete die anders klingenden Rufe nun als die eines kleineren Tieres. Die Studienergebnisse deuten darauf hin, dass **ALLIGATOREN MIT IHREM GRUMMELN INFORMATIONEN ÜBER IHRE KÖRPERGRÖSSE KOMMUNIZIEREN.** Das ist zum Beispiel in der Paarungszeit sinnvoll, um einen Rivalen besser einschätzen zu können und allzu gefährliche Kämpfe zu vermeiden.

HERR SPECHT UND SEIN SCHLAGZEUG

Jedes Jahr im Frühling hallt das entschlossene **RATATATA** des Spechts durch den ganzen Wald. Aber Moment mal. **RATATATA.** Kommt das Geräusch etwa näher? Mal lieber ans Fenster gehen und gucken, ob da – ja, auf einmal hämmert der Specht nicht mehr gegen einen Baum. Sondern gegen die Regenrinne des Hauses. Und jetzt gegen einen Telefonmast – und einen Schornstein! Nirgendwo hier wird er saftige Insekten finden – doch er sucht etwas anderes: **EIN MIKROFON!** Viele Spechte nutzen das Klopfen nämlich auch zum Anlocken eines Weibchens oder zur Verteidigung ihres Reviers. Und je lauter und länger das Geklopfe, desto eindeutiger die Botschaft: Ich bin der Größte!

➡ Kommt ein Angreifer einer Spitzschopftaube zu nah, erzeugen ihre Federn beim Auffliegen ein schrilles **ALARMSIGNAL**, das die anderen Tauben vor der Gefahr warnt.

➡ Der interessanteste Flügelsänger von allen ist wohl das Kragenhuhn. Zur Paarungszeit hüpft das Männchen mitten im Wald auf einen Baumstumpf und fängt an, heftig mit den Flügeln zu schlagen, was ein bisschen an das Brusttrommeln des Gorillas erinnert. Die ersten paar Schläge sind noch langsam, aber nach ein paar Sekunden wird der Flügelschlag so schnell, dass ein lautes anhaltendes Knattergeräusch entsteht, das in der ganzen Umgebung hörbar ist. **WANDERER VERWECHSELN DEN FLÜGELRUF DES KRAGENHUHNS MANCHMAL MIT EINER KETTENSÄGE ODER EINEM RASENMÄHER!**

AFRIKANISCHE MAUL-WURFSRATTEN

Als eingefleischte Einzelgängerin will die Afrikanische Maulwurfsratte einfach nur ihre Ruhe. Na, dann kommuniziert sie wohl eher weniger, denkst du jetzt. Von wegen: Wenn die Maulwurfsratte nah an ihrem Tunnel ein anderes Tier wühlen und graben hört, donnert sie empört mit dem Kopf gegen die Decke, wie ein knurriger Nachbar mit dem Besenstiel. In der Wissenschaft heißt das **»SEISMISCHE KOMMUNIKATION«**, weil es Erschütterungen erzeugt, die durch die Erde übertragen werden. Aber wir nennen es lieber **HEADBANGING**.

FAUCHENDE VOGEL-SPINNEN UND ANDERE STRIDULIERER ↓

Die Goliath-Vogelspinne aus Südamerika hat über drei Zentimeter lange Giftzähne und wiegt mehr als ein Hamburger Royal. Damit ist sie die schwerste und schauerlichste Spinne der Welt. Oh, und wie der Name schon sagt, fängt und verspeist sie auch gerne mal einen Vogel.

Ja, du hast richtig gelesen: MANCHE SPINNEN FRESSEN VÖGEL.

Klar, die Goliath-Vogelspinne ist groß für eine Spinne, aber immer noch viel kleiner als viele andere hungrige Mäuler im Regenwald. Darum haben diese Spinnen einen Trick entwickelt, mit dem sie Fressfeinde abschrecken können, ohne sich auf einen Kampf einzulassen und dabei – mindestens – ein paar Beine zu riskieren.

Fühlt die Goliath-Vogelspinne sich bedroht, reibt sie mit schnellen Bewegungen ihre haarigen Vorderbeine aneinander, WODURCH EIN LAUTES, UNHEIMLICHES FAUCHEN ENTSTEHT. Anders als das Fauchen einer Katze oder das Knurren eines Hundes hat dieses Geräusch nichts mit dem Atemluftstrom zu tun, sondern entsteht allein durch Reibung.

In der Wissenschaft heißt diese Form der Lauterzeugung »Stridulation«, und sie ist besonders bei Krabbeltieren beliebt. Grillen, Laubheuschrecken und Grashüpfer sind berühmt für ihre Stridulationskünste, aber auch Bockkäfer, Ameisenwespen, Ruderwanzen und sogar einige Tausendfüßler und Krebstiere wie die Langusten beherrschen diesen Trick.

Die Stridulation funktioniert bei allen Tieren etwas anders, aber das Grundprinzip ist meistens gleich. Ein Körperteil wird sehr schnell gegen einen anderen gerieben und es gibt einen ruckartigen Wechsel von »Haften« und »Gleiten« (Haftgleiteffekt). SO ENTSTEHEN SCHWINGUNGEN, UND DURCH SCHWINGUNGEN ENTSTEHEN TÖNE.

→ Übrigens sind die Wirbellosen (Tiere ohne Wirbelsäule, wie zum Beispiel Insekten) nicht die einzigen Stridulationskünstler. Der **TENREK**, ein igelähnliches Säugetier, das es nur auf Madagaskar gibt, kann sogar **ULTRASCHALL** erzeugen, indem er seine Stacheln aneinanderreibt. Wahrscheinlich dienen die Laute den Tenreks zur Kommunikation bei der Futtersuche.

→ Der **KEULENSCHWINGENPIPRA**, der in den Nebelwäldern des Andengebirges zuhause ist, st128duliert mit seinen Federn. Er kann sie durch seinen Flügelschlag so rasend schnell vibrieren lassen, dass es klingt, als würde er **SINGEN**.

→ Und dann ist da noch die **SANDRASSELOTTER**, eine in Asien und Afrika vorkommende Giftschlange. Wenn sie sich gestört fühlt, windet sie sich s-förmig über den Boden. Dabei reiben ihre Schuppen aneinander und erzeugen ein deutlich hörbares **RASSELNDES WARNGERÄUSCH**, das ein bisschen klingt wie das der Goliath-Vogelspinne auf der anderen Seite des Atlantiks.

GERUCH UND GESCHMACK

GELBER SCHNEE IST KEIN ZITRONENEIS ↓

Wenn du schon mal mit einem Hund Gassi warst, weißt du wahrscheinlich, dass Tiere auch mit Duftstoffen kommunizieren. Und dass manche dafür viel pinkeln müssen.

Immer wenn ein Hund an einem Baum oder einem Begonienbeet das Bein hebt, hinterlässt er sein Erkennungszeichen im sozialen Netzwerk der Hundewelt. IM URIN STECKEN NÄMLICH SOGENANNTE PHEROMONE – BOTENSTOFFE, DIE ALLERLEI INTERESSANTE INFORMATIONEN ENTHALTEN. Die Duftmarke teilt dem nächsten Hund mit, ob der Baumpinkler männlich oder weiblich war, und auch, wie es um die Paarungsbereitschaft steht. Der Geruch verrät auch das Alter der Duftmarke, also, wie lange es her ist, dass der andere Hund in der Gegend unterwegs war. Und die Höhe der Markierung gibt einen Hinweis auf die Größe des Hundes.

Wenn du also das nächste Mal mit deinem Hund Gassi gehst, hab ein bisschen mehr Verständnis, wenn er gefühlt an jedem Grashalm schnüffeln muss. ER MUSS DOCH WISSEN, WER WANN WO WAS GEPOSTET HAT!

→ In Südamerika wohnt ein entfernter Verwandter unseres Hundes, der noch einen Schritt weitergeht. Der **WALDHUND**, ein gewitzter kleiner Dschungelbewohner, vollführt bei der Reviermarkierung eine Art **HANDSTAND**. Er stellt sich auf die Vorderbeine und klettert mit den Hinterbeinen ein Stück hoch, während er die Stelle, die er markieren will, über und über mit Urin bespritzt. Warum er Handstand macht, ist noch nicht ganz geklärt, was auch daran liegt, dass die Tiere sehr zurückgezogen leben.

WER NICHT REDEN KANN, MUSS PIESELN

Wenn ein **BUNTBARSCHMÄNNCHEN** sich mit einem Rivalen zoffen will, schwimmt er mit gespreizten Flossen aggressiv auf ihn zu und stößt ihm eine **URINWOLKE VOLLER CHEMISCHER BOTENSTOFFE** entgegen.

→ Wahrscheinlich spielen Duftmarken in der Kommunikation der Waldhunde eine wichtige Rolle, und vielleicht funktioniert der Handstand hier wie eine **RÄUBERLEITER FÜR GERÜCHE**: Höhere Duftmarken werden durch den Wind leichter erfasst und weiter verbreitet. So können andere Waldhunde die Botenstoffe im Urin aus größerer Entfernung erschnüffeln.

STACHELSCHWEIN-FLIRTS: WIE STINKST DENN DU?

Auch bei den Baumstachelschweinen spielt Urin eine wichtige Rolle bei der Verständigung – allerdings nicht beim Kämpfen, sondern beim Flirten. Will ein Männchen ein Weibchen von sich überzeugen, stellt es sich auf die Hinterbeine und **BESPRITZT DIE ANGEBETETE MIT URIN.**

Studien haben gezeigt, dass bei manchen Tierarten die Pheromone im Urin des Männchens beim Weibchen Paarungsbereitschaft auslösen können.

DIE SPRAYER DER SAVANNE

Leoparden senden anderen Savannenbewohnern mit ihrem Urin eine klare Botschaft: **HIER IST MEIN REVIER.** Ein kurzes Schnüffeln, dann presst der Leopard das Hinterteil zusammen und spritzt einen scharfen Urinstrahl auf den Stamm der nächsten Akazie. Wusstest du, dass Leopardenurin ein bisschen wie Popcorn riecht?

→ Kleine Hunde heben ihr Bein beim Markieren meist höher als größere Hunde. So gelangt der Urinstrahl weiter nach oben. Wir wissen zwar noch nicht genau, warum sie das tun, aber es kann gut sein, dass die kleinen Hunde **MIT IHREN DUFT-MARKEN SCHUMMELN.** Sie pinkeln also weiter oben gegen den Baum, damit andere Hunde, die daran schnüffeln, sie für größer halten.

GIRAFFEN-FLIRTS: SCHMECKT'S?

Wenn ein Giraffenmännchen herausfinden will, ob ein Weibchen schon paarungsbereit ist, muss es ihren **URIN PROBIEREN.** Dank der enthaltenen Lockstoffe weiß es gleich, ob das Weibchen fruchtbar ist. Interessant, oder? Trotzdem sind wir ganz froh, dass wir unsere Wörter haben.

RAUS AUS DER SPRITZ-ZONE →

Wenn du mal in den Zoo gehst, nimm dich vor den Nilpferden in Acht. Nicht, weil diese Wasser- und Landbewohner bis zu 2000 Kilo auf die Waage bringen und 30 Stundenkilometer schnell rennen können, auch wenn beides ziemlich beeindruckend ist. Nein, Vorsicht ist deshalb geboten, weil die großen Pflanzenfresser ihre Exkremente (also ihren Mist) bis zu zwei Meter weit durch die Luft schleudern können. Wer ihnen zu nah kommt, gerät leicht in die gefährliche SPRITZZONE!

DAS GANZ GROSSE GESCHÄFT

Breitmaulnashörner sammeln all ihren Mist auf einem riesigen Dunghaufen. Diese Haufen können über zwanzig Meter lang werden, so lang wie **ZWEI HINTEREINANDERGEPARKTE SCHULBUSSE!** In einem Experiment wurde gezeigt, dass Nashornmännchen gezielt an den Dunghaufen der Weibchen schnüffeln und durch die darin enthaltenen Lockstoffe erkennen, ob ein Weibchen paarungsbereit ist. Aber so ein Dunghaufen enthält noch viel mehr Informationen – eigentlich ist er wie **FACEBOOK FÜR NASHÖRNER**.

FORMEN-SPRACHE

Wombats, australische Beuteltiere mit Hasenzähnen, nutzen ihre Kothaufen zur Reviermarkierung. Das Besondere daran: Die knuffigen Beutler gehören zu den wenigen Tieren, die **KÖTEL IN WÜRFEL-FORM** produzieren.

→ Wie sie das anstellen? Indem sie **IHREN SCHWANZ WIE EINEN PROPELLER BENUTZEN.** Wenn der Kot austritt, beginnt der Schwanz zu kreisen und verspritzt den Kot in alle Richtungen.

→ Warum tun die Nilpferde das, wenn doch andere Pflanzenfresser wie Kühe und Rehe ihren Mist einfach auf den Boden platschen lassen? Tja, genau wie manche Tiere ihren Urin als **ERKENNUNGSZEICHEN** einsetzen, tun das andere eben mit ihrem Kot. Und wenn man schon eine Mist-Nachricht schickt, muss man dafür sorgen, dass sie auch überall ankommt.

PARASITEN-PANIK

Dikdiks, eine afrikanische Antilopenart, machen ihr Geschäft immer an den gleichen Stellen – wahrscheinlich, um eine **ANSTECKUNG MIT DARMPARASITEN** zu vermeiden. Studien haben gezeigt, dass die Tiere immer darauf achten, nicht in der Nähe der großen Misthaufen zu grasen, wo besonders viele Parasiten im Gras lauern.

LECKERE MIST-HAUFEN

Die »Klostellen« der Tapire, die sich von Früchten und Samen ernähren, tragen zum **ERHALT DES REGENWALDS** bei: Manche Pflanzensamen können im Verdauungstrakt der Tiere überleben und dann im nährstoffreichen Dung Wurzeln schlagen. Eine im Regenwald heimische Eichhörnchenart sucht ganz gezielt nach Tapirhaufen, weil darin immer leckere Samen zu finden sind.

WER IST SCHWARZWEISS UND STÄNKERT RUM? →

Na, was für stinkige Tiere kennst du?

Du hast das Stinktier genommen, oder? Kein Wunder! Stinktiere sind berüchtigt für die STINKENDE FLÜSSIGKEIT, die sie aus dem Hintern absondern. Der fiese Geruch des Sekrets setzt sich aus sieben Bestandteilen zusammen: drei sogenannte Thiole, drei Thioacetate und ein Alkaloid. Aber man braucht die Namen nicht zu kennen, um zu wissen, was sie gemeinsam anrichten: einen beißenden, ekelerregenden Gestank.

→ Stinktiere sind nicht groß und mit ihren winzigen Zähnen und Krallen auch nicht besonders gefährlich. Trotzdem schaffen sie es, Angreifer jederzeit in die Flucht zu schlagen. Und das nur mit ein paar Schwefelwasserstoffverbindungen, die sie bis zu drei Meter weit AUS IHREM HINTERTEIL SPRITZEN.

→ Allerdings hat das Stinktier nur begrenzte Munition, also kann es nicht jedes Mal direkt losstinken, nur weil ein anderes Tier mal blöd guckt. IN DER REGEL VERSUCHT DAS STINKTIER ALLES, DAMIT ES GAR NICHT ERST SPRITZEN MUSS. Dazu gibt es mehrere Warnungen ab: Es macht den Rücken krumm und sträubt die Haare, und wenn es sich bedroht fühlt, stampft es auf den Boden und kehrt dem Angreifer den Hintern zu. Bei so eindeutigen Warnungen wenden sich die meisten Räuber ab und suchen sich ihre Mahlzeit lieber woanders.

→ Die chemischen Stoffe im Stinktiersekret bringen die **AUGEN ZUM TRÄNEN**, können das Sehvermögen beeinträchtigen und außerdem zu Hautverätzungen führen. Beim Einatmen können sie Husten und Würgereiz auslösen.

DUFTSPUREN

Hast du schon mal eine **AMEISEN-STRASSE** beobachtet? Dann hast du dich bestimmt auch gefragt, wie sich so viele Tiere auf eine Richtung einigen können, ohne einen Piep zu sagen. Das geht so: Jedes Mal, wenn eine Wanderameise etwas Fressbares findet und zur Kolonie bringt, legt sie auf ihrem Rückweg zum Nest eine **SPUR AUS BOTENSTOFFEN** (Pheromonen). Die anderen Arbeiterinnen können der Spur zur Futterquelle folgen und neue Vorräte aufsammeln. Ameisen senden auch Warnstoffe aus, wenn das Nest angegriffen wird. Diese Stoffe wirken wie eine Alarmglocke: Die ganze Kolonie macht sich zur Verteidigung bereit. Und so können sich winzige Tiere, die in großen Gruppen leben, erfolgreich gegen große Raubtiere wie Waschbären verteidigen, wenn sie nur alle zusammenarbeiten.

CHEMIEWAFFEN

Um ihre Felder und Obstplantagen vor Motten zu schützen, die es auf die Ernte abgesehen haben, nutzen viele Landwirte spezielle Fallen, die mit weiblichen **LOCKSTOFFEN** bestrichen sind. Sie werden auf dem Gelände verteilt, sodass die Motten ständig zwischen ihnen hin- und herfliegen. Jetzt, wo es überall nach Weibchen riecht, können die Männchen sich **NICHT MEHR AM GERUCH ORIENTIEREN**, um eine echte Partnerin zu finden, und sich nicht mehr vermehren. Dank solcher Methoden müssen Landwirte weniger Insektenbekämpfungsmittel verspritzen, was nicht nur für uns Menschen, die später die Pflanzenprodukte essen wollen, besser ist, sondern auch für all die Tiere, die in der Nähe leben. So haben alle was davon – bis auf die einsamen Motten natürlich.

WESPE WIE VON SINNEN

Mit ihrem hochentwickelten Geruchssinn kann eine **PARASITISCHE WESPE** mitten im Regenwald eine winzige Raupe wittern und ihren Angriff planen. Aber ganz wehrlos ist die Raupe nicht: sie bespuckt die Angreiferin mit hochgewürgtem Pflanzenbrei. Der steckt voller Pflanzengifte, die die Sinnesorgane der Wespe außer Gefecht setzen. Jetzt kann die Raupe schnell das Weite suchen ...

SCHLANGEN-TSSSSSSUNGEN ↓

Für Menschen mit »Ophidiophobie«, einer ausgeprägten Schlangenangst, gibt es wohl nichts Gruseligeres als den Anblick einer züngelnden Schlange. Wahrscheinlich glauben viele, das Rausstrecken der gespaltenen Zunge sei eine Warnung, dass die Schlange jeden Moment angreifen kann. Tatsächlich ist Züngeln nichts anderes als Riechen: Die Schlange SCHNUPPERT MIT IHRER ZUNGE.

Wie flehmende Säugetiere (s. rechte Seite) haben Schlangen oben in der Mundhöhle zwei Vertiefungen. Und wenn die Schlange ihre Zunge einrollt, steckt sie die beiden Gabelspitzen in die Vertiefungen, wie Stecker in eine Steckdose. Dabei werden Moleküle aus der Luft direkt an das Vomeronasalorgan, auch Riechorgan oder Jacobson-Organ genannt, weitergeleitet. So kann die Schlange ihre Umwelt wahrnehmen.

Hier ist die gespaltene Zunge besonders praktisch – je nachdem, welche der beiden Gabelspitzen die Moleküle einfängt, weiß die Schlange, aus welcher Richtung ein Geruch stammt.

Eine Schlange muss sich auf ihre olfaktorische Wahrnehmung, also ihren Geruchssinn, verlassen können. Anhand von Gerüchen erkennt sie, OB SIE ETWAS FRESSBARES VOR SICH HAT — ODER SICH BESSER IN SICHERHEIT BRINGT.

Die meisten Lockstoffe der Schlangen bestehen aus Lipiden (Fetten), die zu schwer sind, um durch die Luft zu schweben. Eine Schlange, die wissen möchte, ob sich neben ihr ein Männchen oder Weibchen befindet und ob das Tier paarungsbereit ist, muss darum die andere Schlange mit der Zunge berühren – nur so kann sie die Pheromone aufnehmen.

→ Eine Ausnahme ist die ROTSEITIGE STRUMPFBAND-NATTER: Hier brauchen die Schlangen sich offenbar nicht mit der Zunge zu berühren, um die Lockstoffe aufzunehmen. Diese Schlangen veranstalten RIESIGE PAARUNGSBÄLLE, bei denen sich zigtausende paarungswilliger Schlangen ineinander verwickeln.

→ In einer Höhle in Kanada finden sich jeden Winter geschätzt ÜBER 70.000 STRUMPFBANDNATTERN zusammen. Und wo viel Konkurrenz bei der Partnersuche herrscht, haben die Schlangenmännchen offenbar die Fähigkeit entwickelt, in der Luft zu wittern, wenn in ihrer Nähe eine Paarung stattgefunden hat. So verschwenden sie weniger Zeit und Energie darauf, um ein Weibchen zu werben, das schon vergeben ist.

GEHIRN

ZUNGE   NERV

JACOBSON-ORGAN

WARUM DIE FRATZE, KLEINE KATZE?

Hast du schon mal gesehen, wie deine **KATZE** die Nase rümpft, die Zähne bleckt und mit offenem Mund atmet? Dieses Verhalten nennt man Flehmen. Es sieht ein bisschen streitlustig aus, aber eigentlich hat deine Katze nur etwas gewittert. Flehmen lässt sich bei vielen Säugetieren beobachten: bei Nashörnern und Pferden ebenso wie bei Lamas, Tapiren, Elchen und Giraffen.

Was passiert hier genau? Studien zufolge flehmen Tiere, um Gerüche in der Luft besser wahrzunehmen. Zwei kleine Vertiefungen oben im Mund sind mit einem paarigen »Zwischenkiefergang« verbunden, der wiederum zu einem speziellen Sinnesorgan führt: dem Jacobson-Organ. Die Sinneszellen des Jacobson-Organs unterscheiden sich stark von den normalen Sinneszellen des Geruchssinns, und so ist **DAS FLEHMEN DER TIERE WEDER RIECHEN NOCH SCHMECKEN, SONDERN ETWAS DAZWISCHEN**.

Übrigens handelt es sich beim Flehmen um ein sogenanntes zielgerichtetes Verhalten der Tiere. Während wir also gar nicht anders können, als den Kuchen auf der Fensterbank zu riechen, muss die Maus dafür ihren Schnupperturbo anwerfen – auch eine Art Superkraft.

Die meisten Tiere scheinen das Flehmen gezielt einzusetzen, um die Duftstoffe zu wittern, die ihre Artgenossen abgeben. Damit dient es vor allem der Partnersuche, der Reviermarkierung und der Kommunikation. Und wer weiß, was die Superschnüffler beim Flehmen noch so alles wahrnehmen können?

ELEKTROSIGNALE UND BERÜHRUNG

DIE ZÄRTLICH-KEIT DER ACHTBEINER ↓

Ginge es nach Äußerlichkeiten, würden wohl die meisten von uns um den Geißelskorpion und die Geißelspinne lieber einen Bogen machen. Aber manchmal trügt der Schein.

Der Geißelskorpion – der übrigens kein Skorpion ist, sondern wie die Geißelspinne zu den Spinnentieren gehört – hat ein glänzendes schwarzes Außenskelett und ein Gesicht wie ein Schweizer Taschenmesser, mit allerlei Horrorwerkzeugen zum Schreddern von Insekten und anderem kleinen Getier. Geißelspinnen haben acht lange, spindeldürre Beine mit einer Spannweite von oft über 60 cm Länge. Der Geißelskorpion hat zwar viel kürzere Beine, kann aber dafür bei Bedrohung gezielt ein stinkendes Essigsäuregemisch aus dem Hintern spritzen – was ihm im Englischen auch den Namen »Vinegaroon« (Essigspritzer) eingebracht hat.

Aber keine Sorge: Auch wenn sie aussehen wie direkt aus einem Albtraum entsprungen, sind diese Krabbeltiere für Menschen meist völlig ungefährlich.

→ Bei den Geißelspinnen gehen die Weibchen mit ihrem Nachwuchs sehr mütterlich um. Solange die Jungspinnen noch klein sind, behält die Mutterspinne sie bei sich und streichelt sie mit ihren langen, antennenartigen Vorderbeinen, die sie wie Fühler benutzt. Studien deuten darauf hin, dass die Fühler der Kommunikation dienen und dass die Mutter ihre Jungen berührt, um sie in ihrer Nähe zu halten – und vielleicht auch, **UM SIE ZU BERUHIGEN WIE MENSCHEN-ELTERN IHR BABY.**

KOMM, ICH ZEIG DIR DEN WEG

Will eine **AMEISE** einer anderen etwas Interessantes zeigen, wie zum Beispiel ein saftiges Apfelstück, tippt sie die andere Ameise ein paarmal mit den Fühlern an. Sobald sie die gewünschte Aufmerksamkeit hat, dreht sie sich um und läuft in Richtung der Fundstelle. Die zweite Ameise folgt ihr und tippt ihr dabei die ganze Zeit mit den Fühlern auf den Hinterleib. Das ist wichtig: Falls die erste Ameise mal zu schnell läuft und ihre Begleitung verliert, merkt sie es sofort, weil das Tippen aufhört. So geht »an die Hand nehmen« in der Ameisenwelt.

DER SUPERRIECHER DES ELEFANTEN

Dass Elefanten Rüssel haben, weiß jeder. Aber wusstest du schon, dass die lange, bewegliche Nase des Elefanten aus gut **40.000 MUSKELN** besteht? Das ist eine stolze Menge im Vergleich zu den rund 650 Muskeln im menschlichen Körper. Elefanten nutzen ihren Rüssel ständig, um andere Mitglieder ihrer Gruppe anzutippen und zu streicheln. Und wenn sie einer anderen Elefantenherde begegnen, tauschen sie mit den Fremden Berührungen aus – fast wie Händeschütteln. Und weil der Rüssel auch ein enorm starkes Riechorgan ist, können sie beim gegenseitigen Rüsseltätscheln gleich feststellen, ob sie einander auch riechen können. Stell dir vor, du hättest deine Nase an den Fingerspitzen!

ALLIGATOR-FLIRT: WER DÖPPT HIER WEN?

Das Paarungsspiel der Alligatoren ist eigentlich ein **KRÄFTEMESSEN** – es geht darum, wer wen zuerst untertaucht. Dabei schwimmt ein Alligator neben einen möglichen Partner, legt seinen Kopf auf Schulter und Kopf des anderen und versucht, ihn runterzudrücken. Manchmal hält er ihn dabei bis zu fünf Minuten unter Wasser. Aber kein Grund zur Sorge – die riesigen Reptilien können über eine Stunde den Atem anhalten, also wird bei diesem Spiel niemand ertrinken.

HÄNDCHEN HALTEN

Seeotter sind knuffig aussehende, schwimmende Fellwürstchen, die im Nordpazifik zuhause sind. Wer ihnen lange genug zuguckt, kann beobachten, wie sie sich manchmal mit der Schnauze anstupsen. Solche Nasenstüber sind gut für die Beziehung und nur eine Form des Körperkontakts, mit dem die Tiere sich verständigen. Seeotter lassen sich gerne auf dem Wasser treiben, wobei sie manchmal auch einschlafen. Das kann durchaus gefährlich werden, wenn sie in eine Strömung geraten. Um das zu verhindern, halten sie Händchen und bilden gemeinsam eine Art **FLAUSCHIGES FLOß**. Mit dem Schlafen wechseln sie sich ab, sodass immer einer aufpassen kann, dass die Gruppe **NICHT AUFS OFFENE MEER HINAUSTREIBT.**

KRAULST DU MICH, KRAUL ICH DICH ↓

Grelle Farben und Lichteffekte sind aus weiter Entfernung sichtbar. Und mithilfe von Duftstoffen können Tiere sich auch über große Distanzen und einen längeren Zeitraum hinweg verständigen. Taktile Kommunikation, also Körperkontakt, hat keinen dieser Vorzüge. Doch für manche Tiere lohnt sich gerade diese Form der Verständigung.

Schimpansen zum Beispiel verbringen einen Großteil des Tages damit, ihren Freunden Dreck, Pflanzenreste, Hautschuppen und sogar Zecken und andere Parasiten aus dem Fell zu zupfen. Für das Tier, dessen Fell gerade gepflegt wird, liegt der Vorteil auf der Hand – schließlich fühlt sich jeder gern sauber und frisch – aber auch für den Fellpfleger zahlt sich dieses Verhalten aus. Schimpansen teilen nämlich ihre Mahlzeiten viel lieber mit ihren letzten Fellpflegepartnern. **KLEINE GEFALLEN ERHALTEN DIE FREUNDSCHAFT** – und werden später mit einem leckeren Snack belohnt.

→ Ein Schimpanse braucht übrigens nicht einfach dazusitzen und zu hoffen, dass irgendwann ein Kumpel vorbeikommt und ihn entlaust. Wenn's mal richtig juckt, geht er einfach auf ein anderes Mitglied der Gruppe zu und hebt den Arm, als wollte er sagen: **»ZU ETWAS FELLPFLEGE WÜRD' ICH NICHT NEIN SAGEN.«** Manchmal versuchen sie es auch, indem sie sich selbst lange, laut und übertrieben kratzen wie Schauspieler. Mit diesem Pantomimespiel teilen sie allen mit, dass sie sich eine Pflegeeinheit wünschen.

→ Solche
REFERENTIELLEN GESTEN sind in der
Tierwelt sehr selten, aber für uns Menschen
typisch. Ein Beispiel: Wenn jemand sich selbst
umarmt und dabei »brrr« macht, wissen wir, dass
der Person kalt ist, obwohl sie das gar nicht
gesagt hat. Ganz schön schlau für einen
Affen, oder?

VORSICHT STROM! ↓

Stell dir vor, du könntest dich mit einem Freund im Nachbarzimmer unterhalten, indem du elektrische Signale von deinen Fingerspitzen abschickst.

Im Prinzip tust du das ja schon, immer wenn du dein Smartphone benutzt. Aber wusstest du, dass manche Fische für diesen Trick nur ihren Körper brauchen?

Vom Zitteraal hast du bestimmt schon mal gehört – der ist übrigens gar kein Aal, sondern gehört zur Ordnung der Messerfische. (Aber wenn man ihn so sieht, passt der Name trotzdem ganz gut.) Er zählt zu den sogenannten stark elektrischen Fischen. Diese Fische können so viel Volt erzeugen, dass sie damit ihr Gegenüber lahmlegen können. Ob ein hungriges Krokodil, das den Zitteraal fressen will, oder ein Beutefisch des Zitteraals – mit seinen Elektroschocks kann er dafür sorgen, dass sich die Muskeln des Tiers verkrampfen und es VORÜBERGEHEND BETÄUBT wird. So verschafft er sich einen bequemen Zeitvorsprung, in dem er entweder die Flucht ergreifen oder sich die leichte Beute schnappen kann.

→ Zitteraale sind nicht die einzige Tiergattung, die mithilfe eines speziellen elektrischen Organs elektrische Spannung erzeugen kann. Da wären noch die sogenannten schwach elektrischen Fische wie der **LANGSCHNAUZEN-MESSERFISCH**. Der hat zwar keinen eingebauten Taser, kann aber schwache elektrische Impulse abgeben, um die dunkle Unterwasser-welt zu erkunden.

→ Sowohl stark als auch schwach elektrische Fische können ihre elektrischen Felder als eine Art **SONAR** nutzen und sich damit ein Bild ihrer Umgebung verschaffen. Und anhand typischer elektrischer Signale können sie auch andere Tiere aufspüren, sogar die, die sich im Boden eingegraben haben.

→ All diese Fische nutzen elektrische Spannung auch, um **ARTGENOSSEN ZU ERKENNEN UND SICH MIT IHNEN ZU VERSTÄNDIGEN**, besonders bei der Partnersuche. So richtig wichtig wird die elektrische Kommunikation an Orten, wo es schlechte oder gar keine Sicht gibt, wie im trüben, finsteren Wasser des Amazonas-Flusses in Südamerika, wo der Zitteraal zuhause ist.

REGISTER

Die Originalausgabe erschien 2021 bei Magic Cat Publishing,
London, Großbritannien, unter dem Titel
How To Talk To A Tiger ... And Other Animals.

Die Beobachtung von Christoph Kolumbus auf S. 15
wurde zitiert nach Christoph Kolumbus, Bordbuch,
Frankfurt/M. und Leipzig 1992, Insel Verlag, S. 43.

Klimaneutral
Druckprodukt
ClimatePartner.com/14438-2103-1001

Erste Auflage
© der deutschen Ausgabe Insel Verlag Berlin 2021
© der Originalausgabe: Magic Cat
© Illustrationen: 2021 Kelsey Buzzell
Printed in China
ISBN 978-3-458-17947-4